PAZ NA TERRA

PAZ NA TERRA

Richard Simonetti

CEAC
EDITORA

Ficha Técnica

Coordenação Editorial
Renato Leandro de Oliveira

Capa
Chiquito e Milene

Diagramação
Luiz Antônio Gonçalves

Revisor - Colaborador
Edson de Oliveira

FICHA CATALOGRÁFICA

S598p
    Simonetti, Richard, 1935 -
    Paz na Terra / Richard Simonetti
Bauru, SP: CEAC, 1998.
    144p. 14x21cm

ISBN 85-86359-14-9

1. Jesus Cristo. Interpretações
espíritas. 2.Espiritismo. I. Título

CDD-133.9

8ª Edição - Junho de 2017
1.000 exemplares
35.001 a 36.000

Copyright 2017 by
Centro Espírita Amor e Caridade
Bauru SP

Edição e Distribuição

Rua XV de Novembro, 8-55
Fone: (14) 3227 0618
CEP 17015-041 – Bauru SP
www.editoraceac.com.br
www.radioceac.com.br
www.tvceac.com.br
www.ceac.org.br

Para o homem, Jesus constitui o tipo de perfeição moral a que a Humanidade pode aspirar na Terra.

Deus no-lo oferece como o mais perfeito modelo e a doutrina que ensinou é a expressão mais pura da lei do Senhor, porque, sendo ele o mais puro de quantos têm aparecido na Terra, o Espírito Divino o animava.

Allan Kardec, em *O Livro dos Espíritos*, comentário à questão 625

SUMÁRIO

Bilhete ao Leitor 11
Genealogia Espiritual 13
Zacarias e o Anjo 21
A Virgindade de Maria 29
Visita de Maria a Isabel 38
O Nascimento de Jesus 45
Simeão e Ana 53
Os Magos 60
No Templo 69
João Batista 76
O Batismo de Jesus 85
A Tentação no Deserto 94
Os Primeiros Discípulos 102
Novas Adesões 111
O Espírito e a Carne 118
As Bodas de Caná 126
Bibliografia do autor 135

BILHETE AO LEITOR

Há muitos anos exercito comentários evangélicos nas reuniões públicas do Centro Espírita Amor e Caridade, em Bauru.

Desde que iniciei essa gratificante atividade, considerei a importância de consultar várias fontes, espíritas ou não, incluindo citações, elaborando roteiros e evocando a própria tradição cristã, onde há preciosas informações não registradas nos Evangelhos. Procuro sempre enriquecer os comentários e motivar os ouvintes.

Atrevo-me agora a ordenar as anotações iniciais, nestas páginas.

Embora seja problemática uma narrativa linear da vida de Jesus, já que os Evangelhos são constituídos de episódios esparsos, é possível situar sua trajetória como uma história que tem começo, meio e fim.

É o que pretendo neste livro, onde está o começo. Abordo os episódios marcantes envolvendo o nascimento de Jesus até o início de seu apostolado, nas Bodas de Caná.

O meio e o fim também estão em meus planos. Espero que Jesus me conceda essa felicidade, futuramente.

***

O título deste começo faz referência à proclamação dos anjos diante dos assombrados pastores de Belém, segundo Lucas (2:14):

Glória a Deus nas alturas, paz na Terra aos homens de boa vontade.

Não obstante as lutas e dificuldades que enfrentamos neste mundo orientado pelo egoísmo, podemos guardar a paz em nossos corações à medida que estivermos trabalhando por estendê-la ao redor de nossos passos, com o cultivo da boa vontade – a vontade de ser bom.
Estou certo de que você há de exercitá-la na leitura destas páginas. E desde logo confirmará o acerto da proclamação angélica. Ainda que o autor tenha suas limitações, a história guarda a magia do sublime e por si só lhe proporcionará o que estou a lhe desejar, desde agora:
Inefáveis momentos de paz!

Bauru SP,
dezembro de 1997

GENEALOGIA ESPIRITUAL

Abraão gerou Isaque.
Isaque gerou Jacó.
Jacó gerou Judá.
Judá gerou Farés.
Farés gerou Esrom.
Esrom gerou Arão.
Arão gerou Aminadabe.
Aminadabe gerou Nasom.
Nasom gerou Salmom.
Salmom gerou Booz.
Booz gerou Obed.
Obed gerou Jessé.
Jessé gerou Davi.
Davi gerou Salomão.
Salomão gerou Roboão.
Roboão gerou Abias.
Abias gerou Asafe.
Asafe gerou Josafá.
Josafá gerou Jorão.
Jorão gerou Ozias...

Fique tranquilo, caro leitor.

Não estou ensaiando nenhum *rap*.

Apenas transcrevo o início da *Genealogia de Jesus*, no capítulo I, do Evangelho de Mateus, em que desfilam quarenta e duas gerações, desde o patriarca Abraão, culminando com o nascimento do filho de José.

A maneira como é apresentada a sequência de nomes lembra esse ritmo que faz sucesso atualmente.

***

Parece-me pouco provável que o evangelista, ao redigir suas anotações, guardasse a preocupação e muito menos a possibilidade de uma pesquisa sobre o assunto.

Não posso imaginar Mateus buscando supostos alfarrábios no Templo, em Jerusalém ou alhures, para compor uma árvore genealógica de Jesus. Estamos diante de uma interpolação, algo que foi enfiado no Evangelho com o objetivo de consagrá-lo como um legítimo representante da raça, o esperado Messias.

Natural essa preocupação.

A primitiva comunidade cristã era composta por expressiva maioria de judeus. Estes estavam longe de compreender que a doutrina de Jesus transcendia as estreitas concepções do judaísmo dominante.

Caberia a Paulo, o extraordinário bandeirante do Evangelho, defender a ideia vitoriosa de que o Evangelho tinha um caráter universalista.

Destinava-se a todos os povos.

***

O religioso ortodoxo sempre considerará uma heresia qualquer dúvida quanto à legitimidade dos textos evangélicos. Não obstante, os exegetas, estudiosos que se debruçam sobre eles, em exaustivas e minuciosas análises, demonstram, com apoio da lógica e do bom senso, que isso ocorreu frequentemente.

Nem sempre os copistas, encarregados de reproduzi-los, agiam com eficiência, em virtude de suas próprias limitações; nem sempre exercitavam fidelidade ao texto, atendendo aos interesses da época.

Destaque-se que os exemplares mais antigos dos Evangelhos datam do século V. Ocorreram tantas adulterações, antes da redação definitiva, que exegetas mais drásticos como Renan põem a mão no fogo, quanto à autenticidade, apenas por *O Sermão da Montanha*.

Neste aspecto é importante lembrar Kardec, na introdução de *O Evangelho segundo o Espiritismo*:

Podem dividir-se em cinco partes as matérias contidas nos Evangelhos:
Os atos comuns da vida do Cristo; os milagres; as predições; as palavras que foram tomadas pela Igreja para fundamento de seus dogmas e o ensino moral.

As quatro primeiras têm sido objeto de controvérsias; a última, porém, se conservou constantemente inatacável. Diante desse código divino, a própria incredulidade se curva. É terreno onde todos os cultos podem reunir-se, estandarte sob o qual podem todos colocar-se, quaisquer que sejam suas crenças, porquanto jamais ele constituiu matéria das disputas religiosas, que sempre e por toda a parte se originaram das questões dogmáticas.

Mais adiante, observa o codificador:

Para obviar esses inconvenientes, reunimos, nesta obra, os artigos que podem compor, a bem dizer, um código de moral universal, sem distinção de culto.

Nas citações, conservamos o que é útil ao desenvolvimento da ideia, pondo de lado unicamente o que não se prende ao assunto.

Assim, Kardec sabiamente privilegia a moral evangélica, comentando-a à luz dos princípios espíritas e se inspirando nas dissertações dos Espíritos que o assistiam, várias delas incluídas na obra.

***

Importante ressaltar o valor de uma historicidade espírita, isto é, a História escrita a partir de notícias colhidas do plano espiritual, onde há registros capazes de nos mostrar a realidade dos fatos, sobrepondo-se às especulações dos historiadores.

Emmanuel, em psicografia de Francisco Cândido Xavier, realiza um trabalho dessa natureza, particularmente em A *Caminho da Luz*, onde demonstra que a História é feita a partir das diretrizes traçadas pela Espiritualidade.

O homem situa-se muito mais como protagonista do que autor dos eventos mais significativos relacionados com sua evolução.

Em *Paulo e Estevão*, que narra a epopeia do Cristianismo, Emmanuel destaca que logo depois da crucificação de Jesus, Mateus, o mais culto dos discípulos – fora coletor de impostos –, registrou as anotações que deram origem ao seu Evangelho. Isso teria acontecido, portanto, nos anos trinta da era cristã.

Trata-se de um esclarecimento importante, porquanto muitos exegetas proclamam ser o Evangelho de Marcos o mais antigo e que nenhum deles é anterior aos anos cinquenta.

Há quem os veja compostos a partir da década de 70. Neste caso os evangelistas apenas emprestariam seu nome a textos esparsos reunidos ao longo de muitas décadas.

Estão em moda atualmente, graças aos recursos da informática, as árvores genealógicas.

Os interessados podem adquirir programas que lhes permitem devassar seus ascendentes familiares.

Muita gente ficaria feliz em descobrir que ostenta sangue azul, embora diluído pela miscigenação que caracteriza a população brasileira, ou que há insuspeitos e preciosos brasões e comendas a serem garimpados em sua ancestralidade.

Quando a morte nos reconduzir à pátria espiritual, algo bem mais importante nos será facultado: examinar uma genealogia espiritual relacionada com nosso passado milenar.

Então superaremos pruridos de orgulho com inexorável constatação: desde que descemos das árvores e ensaiamos a capacidade de pensar, circulou em nossas veias, em incontáveis experiências reencarnatórias, o sangue do selvagem, do bandido, do pirata, do guerreiro, do déspota, manchadas nossas mãos, incessantemente, com o sangue de nossas vítimas.

Considerado esse aspecto, podemos dizer que Jesus transcende a Humanidade, isto é, não evoluiu para a perfeição a partir das experiências humanas.

Segundo Emmanuel, já era um preposto de Deus, quando a Terra desprendeu-se do Sol, massa de fogo incandescente, há quatro bilhões e quinhentos milhões de anos, conforme estimativas da Ciência.

Foi então convocado pelo Criador para ser o governador de nosso planeta, com a tarefa de conduzir os Espíritos que aqui fariam estágios evolutivos, quais alunos conduzidos a um educandário para aprendizado específico.

***

Quanto às dúvidas sobre a autenticidade dos Evangelhos, Emmanuel fecha a questão com a sabedoria de sempre, em *A Caminho da Luz*:

> *Muitas escolas literárias se formaram nos últimos séculos, dentro da crítica histórica, para o estudo e elucidação desses documentos.*
> *A palavra "apócrifo" generalizou-se como o espantalho de todo o mundo.*
> *Histórias numerosas foram escritas.*
> *Hipóteses incontáveis foram aventadas, mas os sábios materialistas, no estudo das ideias religiosas, não puderam sentir que a intuição está acima da razão e, ainda uma vez, falharam, em sua maioria, na exposição dos princípios e na apresentação das grandes figuras do Cristianismo.*
> *A grandeza da doutrina não reside na circunstância de o Evangelho ser de Marcos ou de Mateus, de Lucas ou de João; está na beleza imortal que se irradia de suas lições divinas, atravessando as idades e atraindo os corações.*
> *Não há vantagem nas longas discussões quanto à autenticidade de uma carta de Inácio de Antióquia ou de*

Paulo de Tarso, quando o raciocínio absoluto não possui elementos para a prova concludente e necessária.

A opinião geral rodopiará em torno do crítico mais eminente, segundo as convenções. Todavia, a autoridade literária não poderá apresentar a equação matemática do assunto.

É que, portas adentro do coração, só a essência deve prevalecer para as almas e, em se tratando das conquistas sublimadas da fé, a intuição tem de marchar à frente da razão, preludiando generosos e definitivos conhecimentos.

Resumindo:

O sentir é mais importante que o saber.

No empenho pela construção de um mundo melhor, rios de tinta em torno da excelência dos textos evangélicos serão insignificantes diante de um coração capaz de sentir e vivenciar as excelências do amor preconizado e exemplificado por Jesus.

ZACARIAS E O ANJO

Conta o evangelista Lucas (capítulo I) que sob o reinado de Herodes, rei da Judeia, há perto de dois mil anos, morava na região serrana, nas proximidades de Jerusalém, o velho Zacarias.

Diz a tradição que o lugarejo chamava-se Ain-Karim, hoje conhecido como São João da Montanha.

Era um dedicado sacerdote, homem piedoso e nobre, pertencente à turma de Abias, uma das vinte e quatro que, segundo as disciplinas do culto judeu, serviam no Templo, em Jerusalém, obedecendo a um sistema de rodízio.

Zacarias carregava uma tristeza: não tinha filhos.

Durante anos implorara a Deus lhe concedesse a graça de acolher um rebento querido em seus braços.

Com a velhice desistira da ideia. Difícil antes, impossível agora. Isabel, sua esposa, jamais lhe daria um herdeiro.

Para os judeus, não ter filhos era uma desgraça. A desonra pesava sobre a mulher que nunca concebera.

Mas ambos suportavam com paciência a penosa situação e cumpriam seus deveres com retidão, sempre submissos ao Senhor.

Espíritos evoluídos jamais condicionam a confiança em Deus à satisfação dos desejos humanos.

Confiam porque guardam plena consciência de que Deus sabe o que faz.

***

Certa feita, quando chegou a vez de sua turma, Zacarias partiu para a cidade santa.

No Templo, tirada a sorte, coube-lhe entrar no santuário onde queimaria incenso em homenagem ao Senhor.

A multidão aguardava do lado de fora.

Para espanto de Zacarias, sozinho no sagrado recinto, surgiu diante dele uma entidade angelical.

Tratava-se de Gabriel, o mais famoso anjo das escrituras bíblicas, chamado pela tradição religiosa de alta categoria.

Além de Zacarias, ele esteve com o profeta Daniel e também com Maria, mãe de Jesus. Provavelmente apareceu em outros episódios bíblicos sem se identificar.

Em linguagem espírita diríamos que Gabriel é um Espírito superior, um dos mais importantes prepostos de Jesus.

Zacarias teve medo, o que revela sua pouca familiaridade com manifestações dessa natureza.
Os judeus não estavam acostumados a lidar com os Espíritos.
Diga-se de passagem, caro leitor, raras pessoas não se assustariam. São sempre temidas as *assombrações*.
O anjo buscou tranquilizá-lo:

Não tenhas medo, Zacarias, porquanto a tua súplica foi ouvida e Isabel, tua mulher, te dará um filho a quem chamarás João.
Ficarás feliz e muitos se rejubilarão com seu nascimento, pois será grande aos olhos do Senhor.
Não beberá vinho nem bebida inebriante.
Será cheio do Espírito Santo, desde o seio materno.
Converterá muitos dos filhos de Israel ao Senhor, Deus deles. E irá adiante dele, no Espírito e poder de Elias, para converter os corações dos pais aos filhos e os desobedientes à sabedoria dos justos, a fim de preparar para o Senhor um povo dedicado.

Gabriel reporta-se à grandeza moral daquele que nasceria filho de Zacarias e Isabel.
Um Espírito que, obviamente, já vivera muitas encarnações na Terra, com larga bagagem de experiências e aquisições morais.
Impossível negar essa evidência.

Equivaleria a admitir que Deus beneficia filhos seus com virtudes que a outros nega, uma flagrante e inaceitável injustiça.

Veremos, mais adiante, que se tratava de Elias, austero e poderoso profeta judeu que vivera há oito séculos.

***

Naqueles tempos recuados, os homens consagrados a Deus obrigavam-se a uma existência especial.

Dentre os compromissos que assumiam, estava a abstenção de álcool.

Daí a observação do anjo.

Sempre que se volta para a religião, o homem é inspirado a preservar a pureza, evitando a taça dos prazeres inebriantes que anestesiam a consciência e afetam os sentidos, simbolizados pelo álcool.

As forças do bem pedem instrumentos dóceis, equilibrados e puros para que possam se manifestar em plenitude na Terra, derramando bênçãos de esperança e paz aos homens.

***

Zacarias admirou-se.

— *Como pode isso acontecer se eu e minha mulher somos velhos e ela, além do mais, sempre foi estéril?*

O visitante parece não ter apreciado a pergunta.

– Sou Gabriel, que estou diante de Deus e fui enviado para anunciar esta boa nova. E porque duvidaste, doravante vais ficar mudo. Não poderás falar, até o dia em que teu filho nascer, visto não haveres acreditado em minhas palavras, que a seu turno se cumprirão.

O povo aguardava Zacarias, estranhando a demora. Quando ele saiu sem poder falar, causou estupefação. Algo inusitado acontecera no santuário.

Zacarias explicou, por meio de sinais, e continuou mudo.

Decorridos os dias de seu ministério sacerdotal, regressou ao lar.

Imensa foi sua surpresa quando, tempos depois, confirmando as palavras do anjo, Isabel ficou grávida.

Após nove meses dava à luz um menino forte que, conforme a recomendação angélica, recebeu o nome de João.

Seria conhecido mais tarde como o Batista.

Com o nascimento de seu filho, Zacarias recuperou a voz e pôde relatar melhor sua experiência, rendendo graças a Deus pela dádiva recebida.

***

Gabriel aparenta ser um anjo de pavio curto, que não gosta de ser contestado.

Pior: atropelou a justiça ao condenar Zacarias a tão longo mutismo, apenas por manifestar justificável dúvida.

Inadmissível os Espíritos Superiores nos castigarem por pedirmos esclarecimentos a respeito de suas afirmações. Eles orientam, explicam, ajudam, amparam, mas jamais se exasperam e muito menos impõem sanções, ainda que revelemos ceticismo.

É fácil entender o que aconteceu.

As circunstâncias que envolveram o nascimento de João tinham por objetivo impressionar os judeus.

Em linguagem atual, diríamos que houve uma ação de *marketing*.

Um sacerdote que ficou mudo, após conversar com um anjo, e uma mulher estéril que concebeu em avançada idade eram acontecimentos marcantes. Fatalmente causariam assombro e dariam o que falar, particularmente na humilde aldeia onde residiam.

Importante que João fosse recebido desde o início como alguém consagrado a Deus.

Importante que o povo se habituasse a ver nele um grande profeta, pois lhe seria confiada a tarefa de preparar os caminhos para o enviado celeste, há séculos aguardado pelo povo judeu.

***

A experiência de Zacarias lembra algo importante: Todos temos um anjo de guarda, um mentor espiritual que nos inspira e ampara na jornada humana.

Um amigo reclamava:

— Se é assim, os anjos de guarda lá em casa andam de férias. Meu filho foi reprovado nos exames; minha filha adolescente envolveu-se com um rapaz e ficou grávida; minha mulher bateu o carro; nosso cão foi atropelado por um automóvel e eu, num momento de irritação, dei um tapa na mesa e fraturei a mão.

Há aqui um equívoco em relação à atuação dos protetores espirituais.

Não são babás à nossa disposição, diuturnamente.

Não é sua obrigação evitar transtornos como:

A reprovação do aluno displicente.

A gravidez da jovem inconsequente.

O acidente com o motorista distraído.

O atropelamento do cão negligenciado.

A fratura resultante de ato irracional.

Sua função é inspirar-nos ao bem, ao cumprimento de nossos deveres.

O protetor espiritual atua na intimidade de nossa consciência.

É a voz inarticulada que nos alerta:

Cuidado! Controle-se! Cultive a prudência! Olhe por onde anda!

Ele tem poderes para evitar que nos atinjam certos males e o faz frequentemente, sobretudo em relação à nossa estabilidade física e psíquica. Não fosse por ele, bem maiores seriam nossas dificuldades e problemas.

Mas deixa que colhamos as consequências de nossas ações, a fim de que aprendamos a respeitar as leis da Vida, as regras de bem viver.

***

Assim como a mudez de Zacarias marcava acontecimento auspicioso, inúmeros males que nos afligem situam-se como gloriosos marcos de renovação que nos estimulam a repensar a existência, induzindo-nos a procurar os valores espirituais.

Assim muitos descobrem as bênçãos da religião.

Assim muitos se aproximam de Deus.

A VIRGINDADE DE MARIA

Segundo o Evangelista Lucas (Capítulo I), quando Isabel estava no sexto mês de gravidez, Gabriel foi *enviado por Deus* a Nazaré, cidade da Galileia, para conversar com uma virgem de nome Maria, noiva do carpinteiro José.

— *Salve, ó cheia de graça, o Senhor é contigo* — saudou o visitante.

Observando-a perturbada, completou:

— *Não temas, Maria, pois caíste em graça diante de Deus. Eis que conceberás e darás à luz um filho, ao qual chamarás Jesus. Ele será grande e será chamado Filho do Altíssimo; sentar-se-à no trono de seu pai David, reinará sobre a casa de Jacó e o seu reinado não terá fim.*

Maria surpreendeu-se:

— *Como se realizará isso, pois eu não conheço varão?*

— *Um Espírito santo virá sobre ti e o poder do Altíssimo te envolverá com sua sombra; e por isso o nascituro será chamado santo, filho do Senhor. Isabel, tua parenta, também concebeu um filho na sua velhice, e já está no sexto mês aquela que era chamada estéril, porque, a Deus nada é impossível.*

Humilde e resoluta, a jovem submeteu-se à vontade celeste:

— *Eis aqui a escrava do Senhor. Faça-se em mim segundo a tua palavra.*

Temos aqui, caro leitor, a famosa anunciação. A espantosa notícia de que uma virgem daria à luz um mensageiro divino, tendo por pai biológico o próprio Criador.

Maria é a personagem mais reverenciada do Evangelho, depois de Jesus, e também das mais misteriosas, em virtude da precariedade de informações a seu respeito.

Após os acontecimentos que marcaram o nascimento de Jesus, são minguadas as intervenções de Maria: na adolescência do menino, envolvendo uma visita ao Templo; nas bodas de Caná, em que ocorreu a transubstanciação da água em vinho; diante da cruz, quando Jesus a confiou aos cuidados do apóstolo João e no cenáculo, com os discípulos.

Nos livros apócrifos, da tradição evangélica, há referências aos supostos pais, Joaquim e Ana, sua consagração a Deus, a escolha de seu marido...

É só.

Não obstante, instalou-se ao longo dos séculos uma mariolatria.

Na Idade Média ela chegou a ser mais cultuada pelos fiéis do que o próprio filho.

Eram tempos de adoração, de exacerbação das práticas exteriores, de evocação das bênçãos do Céu sem compromissos com a razão.

Ideal, portanto, buscar a sensibilidade de um coração feminino, capaz de tudo favorecer sem nada exigir.

***

A virgindade perene de Maria, defendida pelos teólogos medievais, mesmo os mais ilustres como Agostinho e Tomás de Aquino, entranhou-se de tal forma na mente popular que se incorporou ao seu nome.

Os fiéis evocam a *Virgem* Maria.

No entanto, a virgindade da mãe de Jesus, que teria sido preservada mesmo depois do parto, contraria os textos evangélicos, onde está registrado que ela teve outros filhos.

Em Mateus (13:53-56) diz o povo, em Nazaré, onde Jesus acabara de fazer uma pregação:

Não é este o filho do carpinteiro? Não se chama sua mãe Maria, e seus irmãos Tiago, José, Simão e Judas? Não vivem entre nós todas as suas irmãs? Donde lhe vem, pois, tudo isto?

Pretendem os teólogos que os enunciados irmãos de Jesus eram primos ou, então, filhos de um primeiro casamento de José.

Mera especulação.

Por outro lado, Lucas foi o único evangelista a registrar o episódio da anunciação.

Médico grego, discípulo do apóstolo Paulo, não conviveu com Jesus. Escreveu seu Evangelho com base na tradição oral, décadas mais tarde.

Jesus tornara-se uma figura mitológica, e nada melhor para exaltar o homem mito do que situá-lo como filho de uma virgem.

***

Outro motivo ponderável para que se optasse pela virgindade de Maria: o sexo.

O simbolismo sobre a perda do paraíso, no Livro Gênesis, do Velho Testamento, deixa bem claro que o suposto pecado de Adão e Eva foi exercitar os miolos, usando o fruto da árvore da ciência do bem e do mal. Não obstante, encasquetaram os teólogos que se tratava de sexo, mais exatamente o prazer sexual.

Sexo, portanto, era sinônimo de pecado.

Quanto maior o prazer, maior o pecado.

Os casais eram orientados a buscar a comunhão carnal apenas com o objetivo de procriação. Deveriam estar convenientemente vestidos, evitando a sensualidade pecaminosa. Inadmissível a nudez.

Não era prudente casar-se com mulher muito bonita. Exacerbava o desejo.

Carícias sexuais, nem pensar! Era mais prazer pecaminoso!

Em Súmula Teológica, Tomas de Aquino leva a extremos a ideia, proclamando que o homem que ama a esposa com muita paixão transgride o bem do casamento e pode ser rotulado de adúltero.

Em seus Solilóquios, Agostinho não deixa por menos, afirmando que nada afasta mais o homem das alturas do que os carinhos da mulher e aqueles movimentos do corpo, sem os quais ele não pode possuir sua esposa.

E davam tratos à bola os teólogos, buscando fórmulas para que o sexo, que não podiam proibir, sob pena de extinguirem a raça humana, fosse minimizado na vida familiar e exercitado não como parte da comunhão afetiva, mas exclusivamente para a procriação.

O sexo era vedado aos domingos, dias consagrados ao Senhor; no jejum de quarenta dias, antes da Páscoa; vinte dias antes do Natal; vinte dias antes de Pentecostes; três ou mais dias antes de receber a comunhão; durante o período menstrual, semanas antes e depois do parto...

Quanto menos tempo disponível, menos pecado.

Para conter os fiéis, apregoava-se que sexo nos períodos proibidos gera filhos deficientes físicos e mentais e doenças como a lepra e tuberculose.

***

Vítimas inocentes das supostas artes do original casal, estamos todos maculados pelo seu *pecado*.

Todos menos Maria.

Por graça de exceção ela teria nascido pura, imaculada.

A ideia da *imaculada conceição* gerou um problema para os teólogos.

Segundo o dogma do pecado original, experimentamos a morte por causa dele. Ora, se Maria, nasceu sem essa mácula não poderia morrer.

Resolveu-se a questão com outro dogma: a assunção de Maria.

Ela não morreu.

Foi arrebatada aos céus em corpo e espírito!

Não há limites para a fantasia quando renunciamos à lógica e ao bom senso.

***

Na Revista Espírita, janeiro de 1862, Allan Kardec faz oportuno ensaio sobre as teorias do pecado original e a virgindade de Maria.

Ele concebe que a raça adâmica foi formada por Espíritos vindos de outro planeta, degredados na Terra em virtude de seu comprometimento com o mal. Encarnaram no seio dos povos primitivos existentes na Terra.

Essa mesma tese é defendida por Emmanuel em A Caminho da Luz, psicografia de Francisco Cândido Xavier, reportando-se aos capelinos, Espíritos egressos de um planeta do sistema de Capela, estrela pertencente à Constelação de Cocheiro.

Conclusões de Kardec:

O paraíso perdido: mundo mais evoluído de onde veio a raça adâmica, como habitantes de próspero centro urbano que fossem remetidos à convivência com culturas primitivas, a fim de expiarem suas faltas.

O pecado original: o peso de seu passado, de seus débitos cármicos adquiridos a partir do momento em que, tendo condições para distinguir entre o bem e o mal, optaram por este último.

Nesse contexto Kardec situa Maria como a *imaculada*, não sob o ponto de vista físico, mas espiritualmente. E explica, referindo-se a ela:

Deus enviou um Espírito puro, não pertencente à raça culpada e exilada, para se encarnar sobre a Terra e nela cumprir essa augusta missão; do mesmo modo que, de tempos em tempos, envia Espíritos superiores para nela se encarnarem, para darem um impulso ao progresso e apressar o seu adiantamento. Esses Espíritos são, sobre a Terra, como o venerável pastor que vai moralizar os condenados em sua prisão, e mostrar-lhes o caminho da salvação.

O comportamento de Maria, sua humildade sua obediência às orientações espirituais que recebia, sua fortaleza de ânimo diante dos sofrimentos impostos a Jesus, tudo isso nos dá notícia de que se tratava de um Espírito superior não vinculado aos compromissos cármicos da raça adâmica.

Natural, portanto, que reverenciemos a mãe de Jesus como uma das grandes figuras da Humanidade.

Devemos ver nela nossa mãe espiritual, dedicada e atenciosa, que nos ouve e envia seus prepostos para nos ajudar nos momentos difíceis, sempre que recorremos à sua bondade com a sintonia do coração.

Ressalte-se que muitos problemas, muitas dores, muitos desvios evitaremos se, observando o exemplo de Maria, soubermos acatar os desígnios divinos nos momentos decisivos de nossa vida, proclamando intimamente:

– Senhor! Cumpra-se em mim segundo a tua vontade.

VISITA DE MARIA A ISABEL

Relata o evangelista Lucas (Capítulo I), que Maria, logo após o encontro com Gabriel, ao saber que Isabel estava grávida, decidiu visitá-la.

Eram parentes, não se sabe em que grau; primas, talvez, segundo a tradição.

Viagem longa de Nazaré a Ain-Karim, perto de 150 quilômetros, o que demandava uns seis dias de caminhada. Pouca gente utilizava carruagens ou montarias. Viajava-se no *pé dois* mesmo.

Quando as duas se encontraram ocorreu o inesperado:

Isabel, segundo o relato evangélico, *ficou cheia de um Espírito santo,* e proclamou altissonante:

Bendita és tu entre as mulheres e bendito é o fruto de teu ventre.

Que fiz para merecer a visita da mãe de meu Senhor?

Em seguida, mais tranquila, como se despertasse de um transe, Isabel explicou a Maria, que certamente surpreendera-se com aquela inusitada acolhida.

Mal me chegaram aos ouvidos as palavras com que me cumprimentaste, a criança saltou de alegria dentro de mim.

Observe, amigo leitor:
Isabel exprimiu em altos brados a satisfação pela presença da prima.
Estranho, não é mesmo?
Imagine um familiar a recebê-lo com essa ruidosa euforia.
Fundiu a cuca! – será a conclusão óbvia.
Maria pensaria o mesmo se Isabel não explicasse que se tratava de uma manifestação da criança que asilava em seu seio. Agiu, portanto, como porta-voz, digamos médium, do Espírito que reencarnava por seu intermédio.

***

Segundo a Doutrina Espírita, tão logo se estreitam os laços que o prendem ao novo organismo, no processo reencarnatório, após a fecundação do óvulo pelo espermatozóide, o Espírito tende a perder a consciência.

Assim deverá ficar até completar sete anos, após o nascimento, quando começará a despertar, assumindo lentamente o controle de suas ações, no exercício do livre-arbítrio.

Isso ocorre porque o corpo humano não é simples roupagem.

Estabelece-se estreita ligação, molécula a molécula, tão íntima, tão completa, que o reencarnante passa a subordinar-se, até para exercitar a consciência de si mesmo, às estruturas orgânicas.

Assim, nos primeiros anos, ele se situa como um sonâmbulo, às voltas com precário veículo de comunicação que não consegue dominar.

Há exceções.

Espíritos evoluídos conservam a lucidez nos primeiros meses de gestação. Movimentam-se na Espiritualidade. Percebem o que acontece ao seu redor.

Assim ocorreu com o filho de Isabel.

Identificando a presença de Maria, rejubilou-se, originando a agitação da criança no ventre materno.

Naquele momento Isabel foi médium do próprio filho.

Por seu intermédio ele abençoou com efusão a jovem visitante, revelando-se honrado com a presença daquela que seria a mãe do mensageiro divino.

***

O reencarnante permanece em sintonia mental com a gestante, influenciando seus estados de ânimo.

Isso é tão marcante que podemos até identificar algo da personalidade e das tendências do filho pelas reações de sua mãe.

Gestação tranquila, feliz, sem complicações – Espírito em paz.

Gestação difícil, extremo nervosismo, muito sofrimento – Espírito atribulado.

Mas... cuidado, caro leitor!

Não estamos diante de uma fórmula infalível.

É preciso considerar, também, as condições físicas e psíquicas da gestante e os problemas gerados por suas próprias limitações e desajustes.

***

A influência do reencarnante envolve, geralmente, experiências do pretérito.

Dizia uma senhora:

– Durante minha gestação, há quinze anos, experimentei inexplicável animosidade contra meu marido. Mal suportava sua presença. Após o parto passou tudo. Quem briga com ele hoje é nosso filho.

Outra senhora:

– Nunca amei tanto meu marido como na gestação de minha filha. Experimentava imensa ternura por ele.

Continuo amando, mas nada que se compareça àqueles tempos. Ela, agora uma adolescente, é vidrada no pai.

Temos nestes dois casos perfeitamente caracterizada a ligação do reencarnante com o pai.

No primeiro, um desafeto recalcitrante nos propósitos de reconciliação.

No segundo, um amigo querido, a estreitar laços de afetividade.

Semelhantes experiências envolvem outros membros da família, particularmente irmãos. Alguns se amam; outros se detestam, instintivamente. Sem admitir que já se conheciam antes, fica difícil explicar.

A gestante, mais que ninguém, experimenta essas emoções.

Terá grande carinho pelo amigo que aconchega ou inexplicável rejeição se é alguém que lhe causou sofrimentos no passado.

Ainda aqui é preciso prudência nessas avaliações, porquanto há que se considerar como ela recebe a maternidade.

Se vibra com a perspectiva de ser mãe, experimentará imensa ternura pelo filho, ainda que se trate de um desafeto.

Se a encara como um transtorno, poderá refugar até mesmo alguém muito querido.

***

Vale destacar que o filho também é sensível às vibrações que recebe, particularmente dos pais.

Imaginemos que se sintam insatisfeitos.

Não queriam, não estavam preparados, não era hora... Essa reação geralmente ocorre de jovens que simplesmente *ficam*, em ligações efêmeras sem compromisso, nestes tempos de libertinagem sexual, confundida com liberdade.

Isso poderá causar graves traumas no reencarnante, a repercutirem negativamente em sua personalidade. É, talvez, o que de pior pode acontecer, nesse período em que ele se situa frágil e dependente.

Por outro lado, pais que conversam com o nenê ainda no ventre materno, que o envolvem com vibrações de amor, de carinho, demonstrando o quanto o desejam e amam, oferecem inestimável apoio.

Geralmente o Espírito reencarna relutante, cheio de dúvidas.

Não é fácil o mergulho na carne, com a perda da consciência e a subordinação a um veículo de matéria densa que reduz suas percepções, apaga sua memória e limita seus movimentos.

É bem mais complicado nascer do que morrer.

Se os pais o recebem com carinho e solicitude, demonstrando amor, fica mais fácil e tranquilo, ajudando-o a superar seus temores.

***

Como vemos, a Psicologia do futuro terá um grande campo a pesquisar, quando fizer a descoberta fundamental – o Espírito imortal.

Teremos, então, a solução de problemas da gestação que deixam perplexos os próprios médicos.

Todavia, assim como no transe mediúnico comum, a influência do reencarnante é perfeitamente controlável, desde que a gestante mantenha serenidade e confiança, em clima de oração e vigilância.

Assim poderá anular as influências perturbadoras ou acentuar as impressões felizes colhidas do filho.

Em qualquer problema de influência espiritual convem não esquecer jamais a força invencível de um coração sintonizado com o Evangelho.

As lições de Jesus devem ser cultivadas particularmente em favor de viajores da Eternidade que a mulher recebe em seu seio, fazendo-se ponte abençoada para que realizem estágio depurador no educandário terrestre.

O NASCIMENTO DE JESUS

Segundo narra o Evangelista Lucas (capítulo II), Augusto César, imperador romano, decretou um recenseamento na Palestina, sob a orientação de Quirino, governador da Síria.

O principal objetivo, óbvio, era fiscal.

Roma, a grande senhora que dominava o Mundo, desejava saber quantos potenciais pagadores de impostos sustentavam a riqueza e a boa vida de sua aristocracia.

Os judeus deveriam ser recenseados em sua cidade de origem, o que provocou invulgar movimento nas estradas e nas cidades.

José, que morava com Maria em Nazaré, era natural de Belém. Viu-se, portanto, na contingência de uma viagem que demandava perto de cinco dias.

A estalagem, previsivelmente, estava lotada.

O casal acomodou-se num estábulo, provavelmente na periferia. A tradição fixou o local como uma gruta e inseriu um boi e um asno, não presentes no relato de Lucas, que é extremamente lacônico.

Informa o evangelista, com absoluta economia de palavras, no versículo sétimo:

...e teve um filho primogênito, e o enfaixou e o deitou em uma manjedoura, porque não havia lugar para eles na hospedaria.

Quanto ao mais, funcionou a imaginação.

Envolver a criança em faixas era um costume hebreu que tinha por objetivo não apenas aquecer a criança, mas também limitar seus movimentos. Acreditava-se que isso garantiria braços e pernas fortes e sem problemas.

Nesse ínterim, pastores que cuidavam de seus rebanhos, nas cercanias de Belém, foram visitados por um anjo. Este os informou de que o emissário divino, aguardado com grande expectativa pelo povo judeu, chegara finalmente. Haveriam de encontrá-lo numa manjedoura, envolto em panos.

Outros anjos apareceram e, num coro celestial, entoaram em glorioso cântico, a proclamação:

Glória a Deus nas Alturas, paz na Terra aos homens de boa vontade.

Partindo ao encontro de Jesus, os pastores o encontraram como fora indicado e lhe renderam homenagens.

***

Temos aqui, caro leitor, em breves palavras, o nascimento de Jesus, comemorado festivamente em 25 de dezembro, data magna do Cristianismo, o acontecimento mais marcante da História.

No Natal, que significa nascimento, há um clima de esperança e fraternidade nas comunidades cristãs.

Jesus parece mais próximo dos homens.

O correto seria dizer que estamos mais perto dele, ante a mística natalina, a exortar a boa vontade, a vontade de ser bom.

***

A narrativa atribuída a Lucas é bela e poética, mas a exegese bíblica sugere que não guarda fidelidade aos fatos.

Começa com o recenseamento.

É estranho que os habitantes da Palestina, perto de um milhão de judeus, se submetessem ao censo na cidade de seu nascimento. Por que não na localidade onde residiam, como manda a boa lógica? Dá para imaginar a confusão resultante, absolutamente desnecessária.

Muitos exegetas afirmam que Jesus nasceu em Nazaré.

A narrativa introduzida no Evangelho de Lucas teria por objetivo dar cumprimento a antiga profecia judaica, segundo a qual o enviado divino nasceria em Belém. Daí a suposta viagem no controvertido censo.

***

Jesus foi tão importante para a História, que a dividiu em duas épocas. Antes e depois dele. Por isso contamos os anos a partir de seu nascimento, nos dois sentidos do tempo linear.

Augusto César, por exemplo, nasceu no ano 63 a. C. (antes de Cristo), e morreu em 14 d. C. (depois de Cristo). Usa-se, também, no segundo caso, a abreviatura a. D. do latim *anno Domini* (no ano do Senhor).

Essa mudança ocorreu no século VI, a partir dos cálculos efetuados por Dionísio, um monge e escritor cristão que, em face das limitações de seu tempo, errou em alguns anos. Sabemos hoje que Jesus nasceu aproximadamente quatro a seis anos antes da data fixada.

Assim, neste ano de 1997, em que registro estas anotações, estaríamos entre 2001 a 2003.

O suposto juízo final, se levarmos em consideração intérpretes bíblicos que o fixaram no ano 2000, está se atrasando.

Admitindo essa previsão podemos dizer que Deus é brasileiro mesmo, como se propala em nosso país, pelo menos no que diz respeito à nossa tradicional impontualidade.

***

Desconhece-se o dia exato do nascimento de Jesus. No século IV as autoridades religiosas optaram por 25 de dezembro, que marcava o início das festas populares da primavera, a suceder o inverno. Era a vida recomeçando após a morte simbolizada pelos meses frios.

Considerava-se o nascimento de Jesus o marco do renascimento espiritual da Humanidade, assim como o dia sucede a noite e a vida sucede a morte.

***

As dúvidas que envolvem o natalício do Senhor, longe de tirarem o brilho e a beleza do Evangelho, apenas demonstram que não devemos nos deter em detalhes dispensáveis.

Centralizemos nossa atenção no que há de relevante em seu nascimento, destacando o objetivo de sua missão.

Ele veio ensinar como construir o Reino Divino, a partir do alicerce fundamental – o amor a Deus sobre todas as coisas e ao próximo como a nós mesmos.

***

Em boa lógica, sob o ponto de vista humano, Jesus deveria ter nascido filho do imperador romano.

Assim desfrutaria do necessário poder para o desempenho da grandiosa missão, impondo sua mensagem aos homens. As legiões romanas seriam a garantia do cumprimento de suas determinações.

Nada disso aconteceu.

Jesus preferiu nascer numa das mais obscuras províncias do império, à distância do poder, filho de humilde carpinteiro.

Situou-se tão longe de Roma, palco dos acontecimentos marcantes da época, que a História praticamente o ignorou.

Por que semelhante escolha?

Para entender isso, consideremos o fato fundamental que distingue Jesus dos líderes religiosos em geral:

Ele foi o único que, em todas as circunstâncias, exemplificou sua mensagem.

Viveu seus ensinamentos.

Contemplamos assombrados, na vida dos grandes líderes religiosos, fundadores de religiões, flagrantes contradições entre o que pregavam e a realidade de seu dia a dia.

A mensagem que traziam parecia maior que eles, incapazes de superar as limitações de seu tempo.

Pesava em seus ombros.

Com Jesus foi diferente.

Ele foi tão grande quanto sua mensagem e a vivenciou inteiramente.

Ensinava que os homens são todos irmãos, filhos do mesmo Deus, pai de amor e misericórdia. Por isso não discriminava ninguém, nem recusava a convivência com a chamada *gente de má vida*, proclamando que *os sãos não precisam de médico.*

Ensinava que devemos *fazer ao próximo o bem que gostaríamos nos fosse feito,* e passou seu apostolado a atender necessitados de todos os matizes, curando enfermos do corpo e da alma.

Ensinava que devemos *perdoar não apenas sete vezes, mas setenta vezes sete,* sempre, e jamais asilou ressentimentos ou mágoas, mesmo contra os piores adversários. Culminou por perdoar seus algozes na cruz.

E ao retornar à convivência dos discípulos, na gloriosa materialização, longe de admoestá-los por tê-lo abandonado no momento extremo, simplesmente os saudou com o carinho de sempre – *a paz esteja convosco*, convocando-os depois à gloriosa disseminação de seus princípios.

Empenhado em demonstrar, desde o primeiro momento, que o caminho para Deus passa pelo despojamento dos interesses humanos, das ambições, do comprometimento com o poder e com a riqueza, preferiu nascer filho de um humilde carpinteiro, no seio de um povo sem expressão no contexto de Roma.

Exemplificava, assim, uma lição ainda não assimilada pela Humanidade:

O valor de um homem não pode ser medido por sua origem, por sua profissão, pelo dinheiro, pela posição social, pelo poder que acumula, mas pelo seu empenho em contribuir para a harmonia e o bem-estar da sociedade em que vive, seja ele o presidente da república ou o mais humilde trabalhador braçal.

Por isso, em qualquer tempo, sempre que nos detivermos na apreciação do nascimento de Jesus, não importa saber se as informações de Lucas são rigorosamente exatas; se Jesus nasceu em Belém ou Nazaré; se foi no ano um ou antes; se em dezembro ou noutro mês.

Devemos avaliar, isto sim, se já iniciamos uma nova contagem do tempo em nossa vida. Se já podemos comemorar o *anno Domini,* aquele ano decisivo do nascimento de Jesus em nossos corações.

É fácil saber.

Considerando que sua mensagem sintetiza-se no espírito de serviço em favor do bem comum, basta avaliar quanto de nosso tempo fazemos um tempo de servir.

SIMEÃO E ANA

Relata o evangelista Lucas (Capítulo II), que oito dias após seu nascimento Jesus foi submetido à circuncisão. Consistia em cortar o excesso de prepúcio que encobre a glande.

Simplificando, amigo leitor, trata-se de eliminar parte da pele que envolve o pipi do bebê.

Embora o caráter religioso da cerimônia, instituída pelo patriarca Abraão, celebrando a aliança com Jeová nas tradições judaicas, a circuncisão, chamada em medicina postectomia, tem um caráter eminentemente profilático.

Sabe-se hoje que homens circuncidados têm menos problemas com infecções e que há uma incidência menor de câncer no pênis e no útero de suas mulheres. Há médicos que defendem a ideia de torná-la tão rotineira como as vacinas para o bebê.

A circuncisão era feita solenemente, numa cerimônia especial em que também se dava nome à criança.

Segundo a tradição judaica, a mulher que dava à luz um menino devia abster-se de qualquer cerimônia religiosa durante quarenta dias, por situar-se em estado de impureza ritual.

Por razões obscuras, certamente sob inspiração do velho machismo humano, se fosse menina o período se estendia por oitenta dias.

Completada a quarentena, a família foi ao Templo, em Jerusalém, onde Maria submeteu-se aos rituais de purificação, oferecendo duas pombas ou rolas para o sacrifício, cota módica que favorecia os pobres. As pessoas abastadas ofereciam uma ovelha.

Também se pagava cinco siclos, moeda de prata em uso corrente no oriente, para o *resgate* do primogênito, que era consagrado ao Senhor. Isto significava que deveria servir no Templo, compromisso dispensado naquele tempo, já que essa função era exercida pelos membros da tribo de Levi.

***

Durante a permanência da sagrada família no Templo, deram-se dois marcantes acontecimentos.

Em dado momento aproximou-se um ancião de nome Simeão, *justo e piedoso,* que, ao ver o menino com Maria, tomou-o em seus braços e, emocionado, proclamou:

Agora, Senhor, segundo a tua palavra, despede em paz o teu servo, porque meus olhos viram o salvador que enviaste para iluminar toda gente e para a glória de Israel.

Simeão abençoou o casal e disse a Maria:

Eis que ele é destinado a ser motivo de queda e de ressurgimento para muitos em Israel e para ser sinal de contradição, e tu mesma terás a alma transpassada por uma espada, a fim de se revelarem os pensamentos de muitos corações.

Ele fora informado por um Espírito superior de que não veria a morte enquanto não chegasse o enviado divino.

Ao contemplar Jesus nos braços maternos, tomara-se de emoção.

Era o mensageiro!

Daí sua proclamação.

Avançado em idade, já era hora de partir, após cumprir-se o que lhe fora anunciado.

Logo em seguida surgiu idosa mulher que o evangelista descreve com riqueza de detalhes:

Profetisa, viúva, de nome Ana, filha de Fanuel, da tribo de Aser, com 84 anos. Seu marido falecera no sétimo ano de seu casamento. Desde então ela consagrara a existência a Deus. Passava a maior parte de seu dia no Templo, em jejuns e orações.

Ana também se emocionou ao ver o menino e, inspirada, exaltou a presença do Messias.

***

É sempre oportuno lembrar que o nascimento de Jesus envolveu várias interferências de seus prepostos espirituais, gerando situações e acontecimentos que tinham por objetivo evidenciar que aquele menino era muito especial.

O fenômeno mediúnico fazia-se presente de forma ostensiva, como se o Céu estivesse mais perto, anunciando a chegada do emissário celeste.

Proclamaram os Espíritos Superiores, por intermédio de Simeão, que Jesus experimentaria atrozes padecimentos e que a própria Maria haveria de sofrer com as perseguições movidas contra seu filho.

Sabiam que Jesus enfrentaria forte resistência.

Como um missionário que vai cuidar de uma tribo de selvagens, acabaria sendo sacrificado, não sem antes deixar-lhes uma gloriosa mensagem, que revolucionaria as concepções humanas a respeito da divindade e da vida social.

***

Algo semelhante à experiência de Simeão e Ana ocorre conosco em variadas circunstâncias.

Os benfeitores espirituais estão presentes em nossa vida, estimulando-nos à observância de nossos deveres e à realização dos projetos de renovação e trabalho que trazemos na bagagem reencarnatória.

Os detalhes podem ser mais ou menos complexos. Depende da condição espiritual do reencarnante. Cabe lembrar, porém, que no encadeamento das circunstâncias que favorecem o cumprimento dos planos elaborados não há lugar para o acaso.

O reencontro com afetos e desafetos do pretérito, a escolha da profissão, os filhos, a vocação religiosa e eventos variados são disparados a partir de indefiníveis pressões interiores, que nos induzem ao cumprimento dos compromissos assumidos.

Não raro, sentimos um impulso tão forte em relação a determinada iniciativa, como uma força irresistível que vem do fundo de nós mesmos, que poderíamos imitar Simeão e proclamar, com absoluta convicção, coisas assim:

– Agora, Senhor, cumpra-se a tua vontade, pois meus olhos contemplaram aquela que será minha esposa – encontro com uma alma de eleição.

– Agora, Senhor, abençoa meu esforço de aprendizado – encontro com a vocação profissional.

– Agora Senhor, inspira-me no empenho de renovação – encontro com o ideal religioso.

– Agora, Senhor, ajuda-me na reconciliação – encontro com inimigos do passado.

– Agora, Senhor, sustenta-me nos testemunhos – encontro com as atribulações do Mundo.

O problema é que nem sempre estamos bem sintonizados e, sob influência das paixões e dos interesses humanos, podemos confundir os sinais.

Isso nos leva a negligenciar a programação ou pior – fazer o que não foi programado.

Muitos casamentos ocorrem sob inspiração de efêmera paixão.

Muitas escolhas profissionais desembocam em frustração.

Muitos ideais se volatilizam diante da primeira dificuldade.

Muitos rancores recrudescem por indisciplina do sentimento.

Muita gente rebela-se ante as dores do Mundo.

Por isso, não raro, as pessoas mais promovem estragos que perturbam o presente e complicam o futuro do que consertam o passado.

Para nos livrarmos desse círculo vicioso de desacertos voluntários e ajustes compulsórios, é fundamental que imitemos exemplos como os de Simeão e Ana.

Segundo a narrativa evangélica, Simeão era um homem *justo e piedoso*; Ana era mulher devotada aos serviços religiosos. Ambos eram *profetas*, pessoas virtuosas, dotadas de sabedoria, capazes de falar como intérpretes da Espiritualidade Maior.

Sempre que cultivarmos a justiça, a piedade e a sintonia com os mentores espirituais, empenhando-nos em superar nossas limitações, identificaremos com segurança os encontros programados, habilitando-nos a fazer o melhor, sem perder tempo com ilusões.

OS MAGOS

Segundo relata o Evangelista Mateus, quando Jesus nasceu em Belém, *uns magos* vieram do Oriente e passaram por Jerusalém à procura do menino que seria rei dos judeus.

Diziam-se guiados por uma estrela e vinham render-lhe homenagens.

Observe, leitor amigo:

O evangelista fala em *uns magos*. Não há nenhuma referência à sua suposta condição de reis, como são conhecidos.

A tradição os chamou Melchior, Gaspar e Baltazar, representando três raças – a semítica, a branca e a negra.

Sugerem escritores medievais que eram em maior número, mais de dez.

Presume-se que teriam vindo da Arábia, da Babilônia e da Pérsia.

A Palestina era governada por Herodes, o Grande.

Ele foi, realmente, muito grande, imenso – na maldade!

Sanguinário, não vacilava em eliminar qualquer pessoa que se lhe opusesse.

Conta-se que mandou matar seus filhos Alexandre, Aristóbulo e Antipater, bem como sua esposa Mariana, atendendo a caprichos ou temeroso de que lhe usurpassem o poder.

Diz a lenda que Herodes determinou, antes de morrer, sinistra providência:

Enquanto seu corpo fosse velado no anfiteatro, em Jericó, os homens mais famosos e estimados da cidade deveriam ser executados, a fim de que houvesse muita tristeza e muitas lágrimas em seus funerais.

O cruel governante ocupa lugar de destaque entre os piores facínoras da História.

***

Em contato com os magos, ao ouvir notícia do nascimento de uma criança que seria coroada rei dos judeus, Herodes sobressaltou-se.

Seu poder estava ameaçado!

Astuto, tratou-os com gentileza e lhes recomendou que partissem à procura do menino que, segundo a profecia, estaria em Belém. Na volta, que o informassem. Pretendia visitá-lo.

Sua intenção, obviamente, era eliminar a criança.

Os magos partiram. Guiados pela estrela, encontraram Jesus no estábulo e lhe renderam homenagens, oferecendo-lhe presentes – ouro, incenso e mirra.

Segundo a tradição, ouro simbolizava a realeza de Jesus; incenso, sua elevada espiritualidade; mirra, uma substância vegetal usada para embalsamar cadáveres, antecipava que seria sacrificado, imolando-se no coroamento de sua missão.

Avisados por uma revelação divina, em sonho, para que não voltassem a Herodes, os magos regressaram à sua terra por outro caminho.

***

Por sua vez, José sonhou com um anjo que lhe recomendou fugir para o Egito, porquanto Herodes pretendia matar o menino.

A sagrada família partiu naquela mesma noite.

Não tendo notícias dos magos e pressentindo que fora enganado, Herodes ficou furioso e mandou que seus soldados matassem, em Belém e cercanias, todos os meninos de até dois anos de idade.

Segundo estimativas, considerando-se a população da época, perto de vinte e cinco a trinta crianças foram barbaramente mortas para que o enviado celeste não sobrevivesse.

O evangelista encerra o episódio com uma transcrição:

Então se cumpriu o que fora dito por intermédio do profeta Jeremias:
"Ouviu-se um clamor em Ramá, pranto, e grande lamento; era Raquel chorando por seus filhos e inconsolável porque não mais existem".

A salvo com Maria e Jesus no Egito, José lá permaneceu até a morte de Herodes (4 d. C.), quando outro anjo lhe recomendou, em sonho, que retornasse à Palestina.

Obediente à orientação angélica, o carpinteiro regressou a Nazaré, onde Jesus viveria até o início de seu apostolado.

Daí o chamarem *o nazareno*.

***

Temos aqui, em síntese, o relato evangélico que dá sequência aos acontecimentos que marcaram o nascimento de Jesus.

A história oficial, que detalha os crimes de Herodes, não inclui a denominada *matança dos inocentes*. Sua autenticidade é duvidosa.

Questionável também que se tratasse do cumprimento de uma profecia de Jeremias. Isso implicaria admitir que, com séculos de antecedência, Deus planejara aquele horror.

Herodes seria, então, mero agente da vontade celeste. Não poderia assumir responsabilidade, porquanto estaria cumprindo uma determinação divina.

Se o leitor amigo se der ao trabalho de ler todo o capítulo trinta e um, do Livro de Jeremias, no Velho Testamento, de onde foi retirada a citação de Lucas, verificará que a linguagem é densa e nebulosa, repleta de simbolismos e fantasias.

Textos assim podem ser interpretados *à vontade do freguês*, envolvendo até mesmo acontecimentos pouco prováveis; como aquele genocídio infantil.

A meu ver, portanto, estamos diante de uma interpolação.

***

A visita dos magos evidencia que o nascimento de Jesus repercutiu além da Palestina, sob o ponto de vista espiritual.

Certamente, em todas as latitudes, pessoas dotadas de grande sensibilidade, que hoje chamaríamos médiuns, foram informadas a respeito ou pressentiram que estava chegando nosso governador espiritual, com uma gloriosa mensagem de renovação para a Humanidade.

Dentre as inúmeras denominações que receberam os médiuns, em todos os tempos, mago é uma delas.

Especula-se a respeito da estrela.

Seria um cometa? Ou a conjunção de dois ou três planetas?

Nenhuma hipótese astronômica ajusta-se perfeitamente à estrela que guiava os magos.

Pode ter sido um fenômeno mediúnico.

Sendo médiuns videntes, só os magos teriam enxergado a estrela que apontava para o oriente.

Ou seria mero folclore.

Assim como foram avisados em sonho para evitar o retorno por Jerusalém, poderiam receber informações sobre a localização do menino sem o aparato da estrela.

***

Os fenômenos mais interessantes, nessa passagem evangélica, dizem respeito aos sonhos.

Os magos foram avisados para não voltarem pelo mesmo caminho.

José foi encaminhado ao Egito.

Três anos depois o anjo lhe recomendou que retornasse à Galileia.

Os parapsicólogos debruçam-se sobre experiências dessa natureza, sem decifrá-las.

O Espiritismo nos dá a explicação, muito simples:

Enquanto o corpo dorme, o Espírito transita pelo continente espiritual.

Passamos um terço de nossa existência no Além. Amado Nervo diz com propriedade:

O sono é um dos hemisférios da vida; é a própria vida continuada em outro plano.

Os sonhos são pálidas lembranças desse trânsito diário.

À semelhança do que aconteceu com os magos e com José, recebemos avisos durante as horas de sono, nem sempre registrados com muita nitidez, envolvendo circunstâncias variadas, como nascimento e morte, enfermidade, sucessos ou insucessos, em atividades do dia a dia.

Todos teríamos algo a comentar sobre nossas próprias experiências.

Um exemplo marcante diz respeito a uma senhora, mãe de dois adolescentes.

Certo dia os meninos brincavam num parque, nas proximidades do lar, quando um automóvel passou em alta velocidade e os atropelou, matando-os.

O casal sofreu muito.

A mulher estava pior, sempre deprimida e infeliz. A vida perdera o sentido para ela.

Certa manhã, acordou animada, com a certeza plena de que conversara com um dos filhos enquanto dormia. Ele lhe disse que não ficasse triste, porquanto ambos voltariam a nascer e seriam novamente seus filhos.

O marido lembrou ser impossível.

O médico já a alertara de que não teria mais filhos.

Em nova consulta, naquele mesmo dia, foi confirmada a esterilidade.

Ainda assim, ela permaneceu confiante na promessa do filho.

Para surpresa de familiares e amigos, algum tempo depois engravidou e deu à luz dois gêmeos. Dois meninos!

À medida que eles se desenvolviam, confirmavam, por tendências e lembranças, que eram, efetivamente, os filhos mortos no acidente.

O que mais os assustava era ir ao local onde ocorrera o acidente com os irmãos.

Ficavam apavorados.

Mil explicações podem ser ensaiadas pelos negadores contumazes.

Nenhuma mais lógica, simples, racional:

Os meninos retornaram.

***

Nosso trânsito pelo plano espiritual, durante o sono, não objetiva a mera recepção de avisos. Ali desenvolvemos inúmeras atividades.

Encontramos familiares, amigos, benfeitores...

Podemos trabalhar, estudar, exercitar o bem...

Mas podemos, também, sofrer a influência de Espíritos que nos perturbam, incutindo-nos ideias infelizes.

Você talvez pergunte, caro leitor:

Como aproveitar bem as horas noturnas?

Como fazer para nos livrarmos de más influências, pondo-nos em contato com os bons Espíritos?

Lembremos o velho ditado:

Diz-me com quem andas e te direi quem és.

Espiritualmente, podemos usar uma variante:

Diz-me como és e te direi quem te acompanha.

Isso vale para todos os momentos. Na vigília e, particularmente, durante as horas de sono, quando somos mais vulneráveis às influências espirituais.

Os magos e José eram homens de bem, virtuosos e disciplinados. Favoreciam o contato com benfeitores espirituais que os orientavam pelos melhores caminhos.

Herodes, o Grande, era prepotente e maldoso. Daí as funestas ligações espirituais que lhe inspiravam as atrocidades que marcaram seu comportamento.

Fácil concluir, quanto à natureza das influências que recebemos durante o sono:

Depende de nós!

NO TEMPLO

Segundo a tradição, os judeus deviam ir a Jerusalém em três festividades:

Na Páscoa, de seculares evocações relacionadas com a chegada da primavera e a fuga do Egito sob a liderança de Moisés.

Em Pentecostes (literalmente em grego, cinquenta dias após a Páscoa), chamada Festa da Colheita, comemorativa também do advento dos Dez Mandamentos da Lei, recebidos por Moisés no Monte Sinai.

Na Festa dos Tabernáculos, assim chamada porque durante os sete dias de sua duração os judeus habitavam tendas, lembrando o tempo em que peregrinavam no deserto em busca da Terra Prometida. Dentro das cidades eram erguidas nos telhados das casas ou nas ruas. Tabernáculo é uma tenda portátil, que lembra as barracas usadas pelos adeptos do *camping*.

***

Relata o evangelista Lucas (2:41-52) que, quando Jesus tinha doze anos, acompanhou José e Maria a Jerusalém, por ocasião da Páscoa.

Cumprida sua obrigação, os judeus residentes no interior retornavam ao lar. As estradas ficavam movimentadas. As famílias amigas juntavam-se, transformando a viagem em alegre excursão.

Homens, mulheres e crianças formavam grupos, atendendo suas tendências e afinidades.

À noite acampavam.

Recomeçavam no dia seguinte, uma jornada que podia ser longa, dependendo da cidade onde residiam.

O retorno a Nazaré demandava perto de quatro dias.

Justamente porque a criançada ficava mais ou menos à vontade, José e Maria somente deram pela falta do filho à noite. Segundo a tradição já estavam em El-Bireh, a aproximadamente dezesseis quilômetros de Jerusalém.

Na manhã seguinte, cheios de ansiedade, retornaram à cidade santa.

Foram encontrar Jesus no Templo, provavelmente numa das salas anexas, onde os doutores da Lei, versados no conhecimento das escrituras, respondiam às perguntas dos visitantes.

Surpresos, José e Maria souberam que Jesus estivera a dialogar com eles.

O povo estava assombrado.

Suas perguntas e comentários revelavam invulgar sabedoria, inconcebível num adolescente.

Com a delicadeza de sempre, Maria falou ao menino:

— *Filho, por que agiu assim? Seu pai e eu andávamos á sua procura, cheios de aflição!*

Atente à observação de Maria, caro leitor: *Seu pai...*
Demonstra perfeita consciência de que José não era mero tutor de seu filho.

E Jesus lhe respondeu, naquela que seria sua primeira fala nos Evangelhos, revelando já em princípio, sua elevada condição espiritual:

— *Por que me procuravam? Não sabiam que eu devia estar nas coisas de meu pai?*

A tradição fixou a expressão *na casa*, em detrimento de *nas coisas*, como está textualmente no original grego, mais compatível com a universalidade da missão de Jesus.

Deus não está em nenhum templo em particular.

Inteligência cósmica do Universo, sua presença imanente se faz sentir em tudo e em todos os seus filhos.

Deus está em nossa própria consciência, aquele pastor bendito do salmista, que nos *conduz pelas veredas retas da justiça, por amor de seu nome.*

Filhos de Deus que somos todos, o que devemos fazer para nos habilitarmos à comunhão com o Senhor é *cuidar das coisas do Pai*, relacionadas com nossa reforma íntima e o empenho por cumprir suas leis, admiravelmente sintetizadas por Jesus na sua mensagem sublime.

Em sua simplicidade, provavelmente José e Maria não entenderam a resposta de Jesus mas, aliviados, partiram de retorno a Nazaré.

O evangelista Lucas termina o relato dizendo que Maria guardava em seu coração aquelas palavras e que Jesus crescia em sabedoria, estatura e graça, diante de Deus e dos homens.

***

Esta é a única informação que temos sobre a adolescência de Jesus. Provavelmente Maria transmitiu a Lucas o marcante episódio, dos mais importantes dentre suas lembranças.

Por isso uma pergunta está sempre presente quando se estuda a vida de Jesus:

O que fazia, como vivia, por onde andou dos 13 aos 30 anos, quando iniciou seu apostolado?

Estudiosos, em todos os tempos, tentaram desvendar o mistério, cada qual apresentando sua tese:

Estagiou na Índia...
Viveu entre os essênios...
Abeberou-se dos mistérios do Egito...
Esteve na China milenar...
Entrevistou os lamas do Tibete...

Há quem o veja em trânsito por todas essas culturas, fazendo sua iniciação em ciências ocultas, nos mistérios esotéricos, nos princípios da ioga... Daí a sabedoria e os poderes que fizeram dele a maior figura da Humanidade.

***

O relato de Lucas dispensa qualquer especulação a respeito do assunto.

Já aos doze anos o Mestre revelava-se o sábio dos sábios, consciente de sua grandiosa missão.

Demonstrou claramente isso quando respondeu a Maria.

Sua erudição no diálogo com os doutores da Lei, inspirando assombro, demonstra que Jesus não tinha nada a aprender com os essênios, chineses, hindus, egípcios...

Ele trazia tudo consigo.

Superando o choque biológico do nascimento, que impõe o esquecimento do passado, apresentou-se desde cedo na plenitude de seus conhecimentos e poderes.

Vale destacar que os grandes gênios da Humanidade, em variados setores de atividade, revelam sua genialidade desde a mais tenra infância.

Exemplo marcante: Mozart.

Aos quatro anos já tocava piano; aos cinco compunha; aos sete teve quatro sonatas publicadas; aos doze apresentou sua primeira sinfonia.

Certa feita um adolescente lhe perguntou o que fazer para compor música erudita.

Mozart recomendou-lhe que pensasse em algo mais simples, uma balada talvez...

– Mas mestre – contestou o aprendiz –, bem mais cedo que eu, o senhor compunha obras complexas.

– Sim – respondeu ele –, mas não precisei pedir auxílio a ninguém...

É isso. O gênio vem pronto!

Traz seu patrimônio de experiências em vidas anteriores.

O processo de sua formação é, antes de tudo, uma rememoração.

***

Sócrates dizia que aprender é recordar.

Os melhores alunos, em qualquer aprendizado de caráter cultural, artístico ou profissional, são aqueles que lidaram com o assunto no pretérito. As vocações inatas relacionam-se com nossas atividades em vidas anteriores.

Por isso uns têm facilidade para línguas, outros para trabalhos manuais, outros para a arte, outros para a literatura...

Tudo o que fazemos e pensamos fica registrado nos arquivos do inconsciente, a manifestar-se na forma de tendências e aptidões, num somatório de experiências que operam sutilmente nosso crescimento espiritual, ao longo das reencarnações que se sucedem, sem que nada se perca.

Por isso nunca é tarde para aprender, reciclar conhecimentos, renovar-se, aprimorar ideias, fazer o melhor...

Nosso empenho de hoje nos fará mais fortes, mais esclarecidos, mais capazes amanhã, nesta vida, na vida espiritual ou em reencarnações futuras.

JOÃO BATISTA

Ao longo de séculos, gerações de judeus sucederam-se sob jugo estrangeiro.

Assírios, babilônios, gregos, romanos, revezaram-se na exploração daquela faixa de terra entre o mar e o deserto, caminho ideal de ligação entre países vizinhos, mais fortes e poderosos.

A grande esperança era a vinda de um Messias.

O mensageiro divino, anunciado insistentemente pelos profetas, libertaria a Palestina em definitivo e conduziria os filhos da raça à sua gloriosa destinação.

Era o povo escolhido por Jeová para reinar, soberano, na Terra.

Bem vivas permaneciam na alma popular as palavras de Isaias (40:3):

Voz que clama no deserto, preparai o caminho do Senhor, endireitando suas veredas.

Um profeta, tão grande quanto os maiores do passado, viria anunciar o advento do Messias.

Por isso, ao tempo do domínio romano, quando um homem surgiu proclamando em pregações vibrantes e verbo inflamado que os tempos eram chegados, muitos se regozijaram.

Ele tinha tudo para ser o precursor.

O seu nascimento fora anunciado por um anjo.

Sua mãe o concebera, embora considerada estéril e em avançada idade.

E ele tinha muita afinidade com Elias, o gigante dos profetas judeus, que vivera há oito séculos. Isso era significativo porquanto, segundo Malaquias (4:5), o último profeta do Velho Testamento, Elias voltaria à Terra, seria a voz no deserto a preparar os caminhos do Messias.

Tratava-se de João, filho de Zacarias e Isabel.

Como Elias, ele passava grande parte do seu tempo nos lugares ermos. Amava a solidão, o que se considerava próprio dos homens escolhidos por Deus para desempenhar sagradas tarefas.

Como Elias, vestia-se com simplicidade absoluta, pele de camelo e cinto de couro.

Como Elias, alimentava-se frugalmente, com mel e gafanhotos.

Como Elias, desprezava as convenções humanas.

Resumindo: era o próprio Elias de retorno às lides humanas para anunciar o advento do Messias.

Ressalte-se que por duas vezes Jesus iria referir-se a ele como a reencarnação do profeta.

A mais importante está registrada no Evangelho de Mateus, capítulo XVII, quando os discípulos fazem referência ao retorno de Elias.

Se Jesus era o Messias, onde estava Elias?

Jesus lhes respondeu:

De fato, Elias já veio e não o conheceram, antes fizeram com ele tudo o que quiseram.

Comenta, significativamente, o evangelista:

Então, os discípulos entenderam que lhes falara a respeito de João Batista.

O precursor já havia morrido decapitado, a mando de Herodes Ântipas, filho do famigerado Herodes o Grande.

Ântipas governava a província da Galileia, nomeado por Roma.

Na afirmativa de Jesus e nos comentários do evangelista está perfeitamente caracterizada a reencarnação de Elias como João Batista.

Só não vê quem não quer, ou não tem, como dizia Jesus, *olhos de ver*.

***

A pregação de João era desassombrada.

Com a rudeza que lhe era peculiar, o que reforça a ideia de que era a reencarnação de Elias, agitava os Espíritos, demonstrando que a hipocrisia que caracterizava o comportamento dos sacerdotes judeus era incompatível com a mensagem que viria (Lucas, 3: 7-9):

Raça de víboras!
Quem vos induziu a fugir da cólera vindoura?
Produzi, pois, fruto digno de arrependimento e não digais entre vós mesmos:
"Temos a Abraão por pai..."
Porquanto eu vos declaro que até das pedras Deus faz nascer filhos a Abraão.
O machado já está posto à raiz das árvores.
Toda árvore, pois, que não dá bom fruto será cortada e lançada no fogo.

Sua veemência atingia principalmente aqueles que se julgavam privilegiados pelo simples fato de serem descendentes de Abraão, um dos pais da raça.

João ressaltava que muito mais importante é ser filho de Deus, condição de todos os homens.

Essa lição não foi assimilada pelas várias correntes religiosas vinculadas ao Cristianismo, ao longo dos séculos.

Em disputas acirradas, reivindicam, cada uma delas, o monopólio da verdade e da salvação.

Uma tendência que, diga-se de passagem, envolve as religiões de um modo geral, que ao longo da História tentaram impor-se umas às outras, não com a força de seus princípios, mas com o princípio da força, engalfinhando-se em sangrentas guerras, não raro, ironicamente, chamadas *santas*.

Tardam seus adeptos em compreender que o princípio elementar da religiosidade autêntica é o respeito à liberdade de consciência e às convicções alheias.

Se a religião é o caminho para Deus, como ir ao seu encontro pisoteando o próximo?

Como reverenciar o Pai, discriminando ou agredindo seus filhos?

***

Interessante a afirmativa de João sobre as pedras que Deus transforma em seres humanos.

O aparecimento do homem na Terra foi a culminância de um lento processo de evolução que começou há biliões de anos, no reino mineral, com a combinação de substâncias químicas que deram origem aos primeiros seres vivos, sob a orientação de numes tutelares, prepostos do Criador.

Não seria errado dizer que nascemos das pedras...

E a Bíblia enuncia precioso simbolismo quando destaca que Deus fez o primeiro homem, Adão, a partir de um punhado de terra...

***

O cognome *Batista,* que a tradição transformou em sobrenome, originou-se de um rito adotado pelo profeta – mergulhar nas águas do Rio Jordão aqueles que aceitavam seus ensinos.

O batismo de João sofreu profundas alterações que o desvirtuaram.

Segundo entendem os teólogos, nascemos todos marcados pelo pecado original cometido por Adão e Eva, e Deus não nos reconhece como filhos até que nos submetamos ao batismo.

E mais: quem não é batizado não pode entrar no Céu.

Daí adotar-se a prática de batizar a criança tão cedo quanto possível, ante possibilidade de morrer prematuramente com a mácula do original pecado, o que seria desastroso para ela.

Essa lamentável deturpação do batismo de João constitui flagrante injustiça.

A considerar-se assim, milhares de pessoa que morrem todos os dias no Mundo, em variadas idades, estariam mal com Deus porque jamais ouviram falar de

Jesus e muito menos da necessidade desse suposto detergente para depurar a Alma e reconciliá-la com Deus.

Pagamos todos pelo *pecado* do casal original, algo inconcebível, já que o mais elementar princípio de justiça determina que a culpa e a penalidade não podem transcender a pessoa do criminoso.

Que temos nós a ver com Adão e Eva?!

Crentes pouco esclarecidos chegam ao extremo de dizer que o indivíduo que não se dispõe a aceitar Jesus, submetendo-se ao batismo não é filho de Deus, mas uma simples *criatura*, algo equivalente a situá-lo como um bastardo no contexto da Criação.

Um espanto!

***

Não era isso que João pretendia com o batismo, a imersão nas águas do Rio Jordão.

Ele ressaltava ser indispensável o arrependimento, o reconhecimento dos deslizes do passado, para receber as bênçãos que o mensageiro divino traria.

A imersão era precedida de uma confissão pública e da profissão de fé do iniciado, que se dispunha à renovação, combatendo as próprias mazelas.

O batismo, portanto, era tão somente um divisor de águas, o marco de uma vida nova.

A partir daquele momento o convertido dispunha-se a ser outra pessoa.

Quando perguntavam a João:

O que devemos fazer?

Respondia (Lucas, capítulo III):

Produzi frutos sinceros de arrependimento...
Aquele que tem duas túnicas, dê uma ao que nenhuma possui...
E quem tem o que comer, divida com o que passa fome.

Aos publicanos, os cobradores de impostos, recomendava que não exigissem além do que lhe fora ordenado.

Aos soldados, que não usassem de violência, nem dessem denúncia falsa, e que se contentassem com o seu soldo.

Até parece que falava para o homem de nosso tempo...

Observe, leitor amigo, que João reportava-se a problemas que complicam a sociedade humana desde sempre.

Basicamente pregava a reforma moral.

***

Curioso notar identidade entre seus princípios e a Doutrina Espírita.

Precursor de Jesus, ele também antecipou princípios básicos da Codificação, presentes nas máximas de Kardec:

Reconhece-se o verdadeiro espírita pela sua transformação moral e pelos esforços que emprega no sentido de domar suas paixões.

Fora da Caridade não há salvação.

Trabalho, solidariedade e tolerância.

João Batista e Allan Kardec estão separados por 19 séculos, mas a mensagem fundamental é a mesma:

É preciso depurar a consciência, combatendo mazelas e viciações a fim de nos habilitarmos ao encontro com Jesus.

O BATISMO DE JESUS

O Rio Jordão é o mais importante do Oriente Médio.

Fertiliza vasta região, numa extensão de quase 200 quilômetros, desde a nascente, na Antiga Cesareia de Filipe, passando pelo lago de Tiberíades, tão grande, em seus 19 quilômetros de comprimento por 13 de largura, que era chamado *mar*, impropriamente. Desemboca mais embaixo, no Mar Morto, este de tão densa salinidade que não tem vida em suas águas.

O Tiberíades, ao contrário, era rico de peixes naqueles tempos. Às suas margens estava Cafarnaum, onde Jesus centralizaria seu ministério na Galileia. Ali a principal atividade era o comércio do pescado.

***

Aproximadamente três décadas após o nascimento de Jesus, João, o Batista, dizia, às margens do Rio

Jordão, diante da comunidade de seus discípulos (Mateus, 3:11):

Eu vos batizo com água, para o arrependimento; mas aquele que vem depois de mim, e é mais poderoso do que eu, cujas sandálias não sou digno de levar, ele vos batizará com o Espírito Santo e com fogo.

Em determinadas situações os judeus descalçavam as sandálias – ao entrar no Templo ou às refeições, por exemplo. Se abastados, tinham escravos que delas cuidavam.

Ligados por laços familiares, certamente João e Jesus cultivavam alguma convivência e o profeta tinha consciência da grandeza de seu primo (desde o ventre materno, como já vimos).

Por isso, naquele momento glorioso, que marcava o coroamento de sua missão, João atestava, perante seus próprios discípulos, sua subordinação ao Messias que estava a anunciar.

Situava-se diante de Jesus como o mais ínfimo dos servos a serviço de seus senhores, indigno até mesmo de carregar suas sandálias.

O batismo de João, marcado pelo mergulho no Rio Jordão, representava, como já vimos, a pública confissão de mazelas, o marco da renovação, um rito de passagem para receber o mensageiro divino.

Jesus proporia um passo adiante – um mergulho do homem nas profundezas da própria consciência para ser batizado pelo Espírito Santo e pelo fogo.

Genericamente, a expressão Espírito Santo designa a comunidade de Espíritos Superiores que em todos os tempos apoiam os movimentos espiritualistas, manifestando-se de forma mais ampla em agrupamentos afins.

Exemplo: a primitiva comunidade cristã.

Os cristãos profetizavam, curavam, afastavam Espíritos impuros, realizavam prodígios, exatamente como Jesus, sob a inspiração e apoio dos Espíritos Superiores.

***

Dia virá em que derramarei do meu Espírito sobre toda a carne; vossos filhos e vossas filhas profetizarão: vossos jovens terão visões e sonharão vossos velhos.

Esta afirmativa do profeta Joel, é citada por Simão Pedro, no capítulo II, do livro Atos dos Apóstolos, que narra as atividades da Igreja Cristã, em seus primórdios.

O apóstolo exaltava a presença do Espírito Santo, que alguns círculos religiosos confundem com o Criador, a sustentar os prodígios operados pelos discípulos de Jesus.

Isso ocorreu a começar pela festa de Pentecostes, em Jerusalém, quando os apóstolos, numa eclosão extraordinária de faculdades mediúnicas, falaram e profetizaram em vários idiomas.

O batismo do Espírito Santo pode ser situado, portanto, dentre outros significados, como a manifestação da mediunidade, envolvendo a preparação do cristão para o contato mais íntimo com o Além, conforme fazia Jesus.

Essa comunhão é indispensável à sustentação da verdadeira religiosidade, impedindo que o crente se perca em exterioridades, práticas imediatistas e fantasias teológicas.

Uma das causas fundamentais da atrofia do pensamento religioso, na Idade Média foi o fato de se ter fechado a porta de contato com o Além.

Católicos, do movimento carismático, e evangélicos, do movimento pentecostal, revivem as manifestações do Espírito Santo em suas reuniões. Mas o fazem de forma acanhada, pouco objetiva, por inexperiência, já que durante séculos, na escuridão medieval, era proibida a evocação dos Espíritos.

Sobretudo, falta-lhes o conhecimento necessário para um contato com o Além disciplinado e produtivo, como temos na Doutrina Espírita.

***

Quanto ao batismo de fogo, Lucas informa (capítulo XII) a intenção de Jesus:

Eu vim para lançar fogo à Terra e bem quisera que já estivesse a arder.

Ao longo dos séculos suas palavras foram mal interpretadas.

Imaginava-se que sugeriam a revolução, o exercício da força, para instalação de uma ordem social cristã.

Exemplo típico temos nas cruzadas, guerras de conquista realizadas sob a bandeira do Cristianismo. Pretendeu-se situar Jesus, o príncipe da paz, como o senhor da guerra.

Ainda há, nos próprios círculos religiosos vinculados aos ensinos de Jesus, representantes que cometem esse engano. Em décadas passadas era comum, na América Latina, sacerdotes empunharem armas para promover a justiça social.

Não há nenhum pensamento ou iniciativa de Jesus que justifique semelhante concepção.

Ele deixa bem claro em seus ensinamentos que o batismo de fogo exprime-se no esforço árduo, difícil, ingente, dorido, de nossa própria renovação.

O Reino de Deus, portanto, começa com nosso empenho em vivenciar a mensagem cristã, fazendo-a refletir-se em nosso comportamento, para que o bem se estenda sobre o Mundo.

É essa luta que Jesus espera, quando se diz disposto a incendiar a Terra.

Quando esse fogo sagrado abrasar a Humanidade estaremos no Reino de Deus.

Quanto tempo levará?

A Deus pertence.

Não obstante, vivenciando a mensagem cristã, haveremos de instalá-lo em nosso próprio coração.

***

Um dia João batizava às margens do Rio Jordão, quando viu diante de si, preparando-se para receber o batismo, o próprio Messias (Mateus, 3:13-17).

Admirou-se:

Eu é que preciso ser batizado por ti e tu vens a mim?

Jesus lhe respondeu:

— *Deixa por enquanto, pois assim convém cumprir toda a justiça.*

Evidente que se o batismo de João era o símbolo do arrependimento, Jesus não necessitava dele.

Por que se submeteu?

Inúmeras razões têm sido evocadas:

Exemplo de humildade, aprovação do batismo de João e revogação do batismo judaico, purificação das águas do Jordão...

Nada disso.

Aquele ato público marcava solenemente o cumprimento da missão confiada a João.

Ali estava Elias reencarnado, a identificar e apresentar o Messias, conforme o anunciado por Malaquias.

Assim, atendendo à recomendação, João o batizou.

Surpresos, os participantes daquele episódio histórico viram surgir, segundo a narrativa de Lucas (3:21-22), o Espírito Santo em forma de uma pomba que desceu sobre Jesus.

E uma voz ecoou no Céu, uma epifania (manifestação divina).

Este é o meu filho amado, em quem me deleito.

Foram notáveis fenômenos mediúnicos, envolvendo materialização e voz direta, por iniciativa dos prepostos espirituais de Jesus, membros da comunidade do Espírito Santo.

Assim como houve empenho da Espiritualidade em situar João, desde o nascimento, como o profeta Elias que voltava para preparar os caminhos do Senhor, em cumprimento às profecias, também o nascimento e toda a vida pública de Jesus foram marcados por acontecimentos extraordinários, que visavam exaltar diante do povo sua condição de enviado divino.

Muito mais do que pela mensagem de que era portador, Jesus seria aceito pela multidão a partir dos prodígios que operava.

Algo semelhante ao que ocorre hoje com o Espiritismo, que atrai multidões, não tanto pela beleza e sublimidade de seus princípios, mas muito mais pelos fenômenos mediúnicos e curas que opera.

A mensagem cristã firmou-se para sempre, não pelos prodígios, mas pelo fato de que Jesus viveu-a intensamente, transformando a própria vida numa carta viva de Deus.

Inicia-se na manjedoura e termina na cruz, simbolizando a humildade e o sacrifício, gloriosos marcos da redenção humana.

***

Talvez você, leitor amigo, esteja buscando o batismo do Espírito Santo, exercitando sua mediunidade, em gloriosos contatos com o mundo invisível, com os mentores espirituais.

Mas a Doutrina Espírita, que estimula e disciplina o intercâmbio com o Além, adverte que é preciso uma providência inicial, fundamental, a fim de que seja produtivo:

O batismo de fogo!

A luta ingente por superar o homem velho e fazer nascer em nós aquele homem novo a que se referia o apóstolo Paulo, o homem cristão, que vivencia em plenitude os ensinamentos de Jesus.

Então acontecerá algo sublime, surpreendente, inesquecível:

Alguém a refletir na Terra as luzes do Céu!

A TENTAÇÃO NO DESERTO

Era tradicional, na cultura judaica, os homens santos buscarem lugares ermos para longas meditações.

Esses períodos de solidão, marcados pelo contato mais íntimo com a Natureza e por frugal alimentação, quase um jejum permanente, ensejavam um despertamento de forças espirituais que faziam deles autênticos taumaturgos, dotados de grande força moral e notáveis poderes psíquicos.

Algo semelhante ao que fazem, desde a mais remota antiguidade, os faquires hindus, que mortificam o corpo para enrijecer o Espírito.

***

Observando a tradição, logo após seu encontro com João, o Batista, às margens do rio Jordão, Jesus internou-se no deserto.

Ali teria permanecido por quarenta dias segundo o evangelista Lucas (capítulo IV).

Enfraquecido e faminto, foi visitado pelo demônio, que lhe disse:

Se és filho de Deus, ordena que estas pedras se tornem pães.

Jesus lhe respondeu:

Está escrito: "Não só de pão viverá o homem."

O diabo o transportou a Jerusalém e colocando-o no pináculo, o ponto mais alto do Templo, disse-lhe:

Se és filho de Deus, lança-te daqui abaixo, pois está escrito que ele ordenou a seus anjos tenham cuidado contigo e te sustentem nas mãos para não tropeçares em alguma pedra.

Jesus replicou:

Também está escrito: "Não tentarás o Senhor teu Deus."

O diabo o transportou, ainda, a um monte muito alto, donde lhe mostrou todos os reinos do mundo com sua glória e lhe disse:

Dar-te-ei tudo isso se, prosternando-te, me adorares.

Ordenou-lhe Jesus:

Afasta-te, Satanás, pois está escrito: "Ao Senhor teu Deus adorarás e só a ele servirás."

A narrativa termina com a informação de que o demônio retirou-se e vieram os anjos para servir a Jesus.

***

Temos aqui curiosa passagem evangélica.
Um interessante diálogo entre Jesus e o diabo.
As respostas do Mestre são inteligentes citações do Velho Testamento, contrapondo-se às propostas do demo.
Não obstante, recende a fantasia.
Certamente não aconteceu como está registrado. Talvez nem mesmo tenha acontecido.
É fácil chegar a essa conclusão.
Comecemos pela figura do demônio.
Como personificação do mal, que se contrapõe aos programas de Deus, é uma invenção dos teólogos medievais.
Segundo eles, os demônios seriam anjos que pecaram antes da criação de Adão. Por castigo foram marginalizados.

Revoltados, instalados no Inferno, região de tormentos inextinguíveis (os antigos o situavam no centro da Terra), empenham-se em torturar as almas dos que se deixam seduzir por suas sugestões malignas.

Embora as afirmativas frequentes de figuras representativas da ortodoxia religiosa, confirmando sua existência, muitos fiéis, principalmente aqueles que cultivam o saudável hábito de usar a inteligência, não acreditam no diabo.

Para os teólogos isso seria trama do próprio tinhoso. Convencendo os homens de sua inexistência, seria mais fácil envolvê-los em suas maquinações sinistras.

Mas eles próprios são responsáveis pela descrença, porquanto alimentam fantasias que poderiam atender às necessidades do passado mas não satisfazem à racionalidade do presente.

Na Idade Média chegou-se a elaboração de catálogos de classificação dos demônios, com desenhos grotescos em que ele se apresenta com chifres, rabo e cascos de bode.

Para a mentalidade atual tais ideias são ridículas, infantis e somente os crentes mais ingênuos ainda as admitem.

***

Revela a Doutrina Espírita que existem Espíritos profundamente comprometidos com o vício e o crime, enfermos morais que, por estranho desvio, inspirado na rebeldia sistemática, se comprazem em perseguir e prejudicar os homens.

Longe estão, entretanto, de representar um poder constituído, imutável, capaz de ameaçar a ordem universal.

Como todos os filhos de Deus, eles também estão sob a tutela das leis divinas, cujas sanções promoverão, inexoravelmente, o despertar de suas consciências, impondo-lhes a própria renovação.

Por extensão, qualquer pessoa que se comprometa com o mal, prejudicando o próximo com a mentira, a prepotência, a agressividade ou a indução aos vícios e às paixões, estará agindo diabolicamente.

Mas a destinação de todos nós, Espíritos encarnados e desencarnados, bons e maus, viciados e virtuosos, é a angelitude.

Longo e penoso caminho espera aqueles que tentam negar sua condição de filhos de Deus. Enfrentarão milenárias lutas e acerbos sofrimentos, em expiações redentoras. Mais cedo ou mais tarde terão de trilhá-lo, porque esta é a vontade do Criador, que jamais falha em seus objetivos.

Quando analisamos esta questão, entendemos bem por que Jesus, na cruz, pediu a Deus que perdoasse seus algozes, argumentando que eles não sabiam o que estavam fazendo.

Se aquele que se compromete com o mal tivesse noção dos sofrimentos que o esperam, mudaria de imediato sua orientação de vida.

***

O pai, proclamava Jesus, não quer perder nenhum de seus filhos.

Deus não quer! – isso diz tudo.

Por mais longe nos levem os nossos desatinos, ainda assim estaremos nos domínios de Deus, regidos por leis soberanas, que corrigem nossos impulsos e reajustam nossas emoções, mostrando-nos o que é bom e o que não é bom para nós.

Não há, pois, diabos.

Apenas Espíritos transviados.

A lei divina cuidará deles, impondo-lhe penosas disciplinas que os reconduzirão ao bem.

***

Tão fantasiosa quanto a existência do diabo dedicado ao mal eterno é a ideia de que ele tenha tentado Jesus.

Inteligente como o descrevem, saberia que ninguém pode ser induzido ao mal, senão pelo mal que guarda em seu próprio coração.

Se a oportunidade faz o ladrão, como proclama velho ditado, devemos considerar que somente o ladrão a enxerga, inspirado em suas tendências.

Se, num restaurante, deixarmos sobre a mesa um pacote de dinheiro, muitas pessoas passarão por ali indiferentes.

Mas aquele que costuma apropriar-se de bens alheios, logo pensará numa forma de aproximar-se sorrateiramente e levar as notas.

Outro exemplo:

Bela jovem sai da faculdade por volta de vinte e três horas.

Posta-se no ponto de ônibus.

Para muitos motoristas que passam por ali é apenas alguém que espera sua condução.

Mas, para o paquerador habituado às aventuras do sexo, ela é a oportunidade de um *programa*. Estacionará o carro e a constrangerá com mal intencionada oferta de carona.

***

Somos tentados por nossas próprias inferioridades.

Partindo desse princípio, jamais alguém poderia tentar Jesus com perspectivas de poder, glória e riqueza.

Espírito puro e perfeito, situava-se acima dos interesses e das paixões que empolgam a Humanidade.

Podemos, pois, considerar esta passagem evangélica como engenhosa interpolação.

Quando muito, trata-se de uma alegoria apresentada por Jesus, tomada à conta de experiência pessoal.

Fica uma lição:

Se pretendemos a condição de discípulos de Jesus é indispensável que cultivemos pureza e virtude.

Sem esse empenho nossa comunhão com o Mestre será tão quimérica quando o episódio da tentação.

OS PRIMEIROS DISCÍPULOS

Não se sabe exatamente o local onde João batizava.

Supõe-se fosse nas proximidades de Betabara, também chamada Betânia de Além Jordão, lugarejo que ficava na margem leste do rio.

Foi ali que o Mestre fez aos primeiros contatos para composição do colégio apostólico.

No dia imediato ao histórico batismo, segundo o Evangelho de João (capítulo I), que não faz referência à incursão no deserto, João Batista conversava com dois discípulos – os jovens André e João (este o próprio evangelista) – quando avistaram Jesus nas imediações.

O precursor comentou:

Eis ali o cordeiro de Deus, que tira o pecado do Mundo.

Essa expressão, que aparece inúmeras vezes nos Evangelhos, era uma definição da grandiosa missão de Jesus.

Assim como os cordeiros eram sacrificados no Templo, observados os propósitos de purificação e bem-estar da comunidade judaica, Jesus também se sacrificaria em favor da Humanidade.

Ofereceria aos homens recursos de depuração que iam muito além do mero formalismo das cerimônias exteriores, para realizar-se numa moral santificada que se fixaria pelo exemplo de dedicação em favor do bem comum.

***

Estimulados por João Batista, André e João foram ter com Jesus.

Antes que lhe dirigissem a palavra ele perguntou:

Que buscais?

Os dois jovens viviam naquele momento o acontecimento mais notável, mais importante de suas vidas – o encontro com o destino.

Embora simples homens do povo, quase todos humildes pescadores, os futuros apóstolos eram Espíritos evoluídos que reencarnaram com a missão de sedimentar a mensagem cristã na Terra, obedecendo a cuidadoso planejamento na vida espiritual.

A revelação de Jesus era grandiosa demais para a Humanidade primitiva, há dois mil anos. Se, não obstante os progressos alcançados, ainda hoje nos parece impossível vivenciá-la em plenitude, imaginemos como seria há vinte séculos...

Por isso Jesus fez-se acompanhar por centenas de Espíritos que vinham das esferas superiores para sustentar a mensagem, impedindo que fosse asfixiada pela inferioridade humana.

Podemos imaginar a emoção de João e André diante daquele homem que lhes era muito familiar, com quem certamente estiveram em assembleias preparatórias, no Plano Espiritual.

Um deles, timidamente, perguntou:

— *Mestre, onde moras?*
— *Vinde e vereis.*

E os dois o acompanharam e ficaram com ele o resto do dia.

Tão significativo foi o acontecimento que o evangelista João, ao compor seu Evangelho, dezenas de anos mais tarde, ainda lembrava-se do horário, *mais ou menos à hora décima*, que corresponderia às 16 horas, aproximadamente.

***

Segundo a tradição, André morreu martirizado em Acaia, região da antiga Grécia, após muitos anos de dedicação ao Evangelho.

Teria sido crucificado. Uma cruz diferente, em forma de x, hoje conhecida como a cruz de Santo André.

João, o mais jovem dos membros do colégio apostólico, era praticamente um adolescente.

Foi o único discípulo que acompanhou o drama do Calvário e esteve presente na crucificação, recebendo de Jesus a missão de cuidar de Maria.

Teve atuação destacada.

A ele são atribuídos o Quarto Evangelho, o Apocalipse e três Epístolas.

Consta que, após longo degredo na ilha de Patmos, passou seus últimos anos em Éfeso, cidade grega. Aparentemente, foi o único discípulo a falecer *de morte morrida*, isto é, por causas naturais.

Sua morte abalou a convicção de muitos cristãos, porquanto ele próprio registrou (21:23) suposta afirmação de Jesus, segundo a qual viveria até seu retorno à Terra, *sobre as nuvens do céu com poder e grande glória*, conforme está no Evangelho de Mateus (24:30).

João bem que tentou esperar por Jesus – consta que faleceu em avançada idade – mas acabou derrotado pela Natureza.

Ao longo dos séculos muitos *profetas* têm marcado data para a vinda de Jesus. O tempo passa e eles *quebram a cara* quando nada acontece.

Quando a Humanidade se cristianizar, sentiremos que o Mestre nunca se ausentou espiritualmente.

Nós é que estamos afastados dele.
Por isso é ocioso cogitar de sua volta.
Imperioso ir até ele!

***

O Evangelista não comenta o teor da conversa com Jesus, mas foi suficiente para deixar os jovens empolgados, tanto que mais tarde, André, emocionado, procurou seu irmão:

– *Simão, encontramos o Messias!*

Como ocorria com muita gente, o irmão de André também guardava grande expectativa, ante o anúncio da eminente vinda do Messias.

Residentes em Cafarnaum, na Galileia, onde exerciam a profissão de pescadores, provavelmente os três estavam em Betabara atendendo à orientação de João Batista.

Por isso, ao ouvir a informação, Simão logo se deixou contagiar pela euforia do irmão.

E foram ao encontro de Jesus.

Assim como acontecera com João e André, Simão emocionou-se ao reencontrar o governador do planeta que, desde a Espiritualidade, o convocara para grandiosa missão.

Surpreendeu-se ao ouvi-lo dizer, antes que fossem apresentados:

— *Tu és Simão, filho de Jonas; serás chamado Cefas.*

Cefas significa pedra, em aramaico.
Daí consagrar-se o nome Pedro, que marcaria o apóstolo para sempre.
Mais tarde se compreenderia que aquele apelido tinha uma razão de ser, porquanto, após a morte de Jesus, Simão Pedro seria a principal figura do Cristianismo nascente.
Sua dedicação e fé indômitas seriam as bases que dariam pétrea firmeza ao movimento inicial. Foi em torno dele que se organizou a comunidade cristã em Jerusalém, após o drama do calvário.
Segundo a tradição, Pedro encontrava-se em Roma quando foram iniciadas as violentas perseguições ao Cristianismo nascente, a mando de Nero, o insano imperador romano.
O apóstolo dispôs-se a deixar a cidade, considerando que ainda havia muito trabalho a fazer.
Na estrada, surpreso, encontrou Jesus que caminhava em direção a Roma.
— Aonde vais, Senhor? — perguntou emocionado.
— Vou a Roma para ser crucificado novamente, com meus discípulos.

Pedro compreendeu que o Mestre o convocava ao testemunho.

– Não, Mestre. Irei em teu lugar!

E o apóstolo retornou a Roma.

Preso foi conduzido à cruz.

Consta que se proclamou indigno de morrer como Jesus. Pediu para ser crucificado de cabeça para baixo.

E morreu assim, culminando uma vida gloriosa de dedicação à causa cristã.

***

Embora não tenhamos notícias mais amplas sobre os contatos iniciais de Jesus com os primeiros discípulos, percebe-se claramente que não houve necessidade de muitas palavras.

Apenas uma pergunta:

– *Que buscais?*

E eles logo sentiram que haviam esperado por ele a vida inteira.

Assim ocorre com os Espíritos amadurecidos que trazem compromissos espirituais relacionados com a mensagem cristã.

Ao primeiro contato com o Evangelho sentem o chamado do Cristo.

Sem divagações, sem dúvidas ou receios, arregaçam as mangas e se põem a trabalhar.

Não se situam necessariamente na condição de sacerdotes ou pregadores, de líderes ou taumaturgos, integrados em determinada denominação religiosa.

Pelo contrário, encontramo-los em maior número entre os humildes, longe dos títulos e dos cargos, que são meros rótulos.

Seu distintivo é a disposição de servir.

Sua marca é a dedicação.

Inspirados na abnegação e no espírito de sacrifício, distribuem bênçãos de conforto e paz onde estejam.

Embora prefiram o anonimato, acabam por destacar-se na vida comunitária.

São pólos magnéticos ao redor dos quais gravitam muitas pessoas, pois ao seu lado as dores são menos intensas, as lutas menos árduas, o sofrimentos menos dilacerantes, os problemas menos difíceis, a existência menos complicada.

Ante seus exemplos de dedicação ao bem, a Terra deixa de ser lamentoso vale de lágrimas. Sua ação evidencia que estamos em abençoado campo de trabalho, onde podemos e devemos cultivar a alegria de servir.

Com eles, que refletem na Terra a luz do Cristo, a vida fica sempre melhor.

***

Que Buscais? – continua Jesus a perguntar a todos os que procuram as casas de oração, de qualquer denominação religiosa.

Que buscamos?

Cura para nossos males?

Solução para nossos problemas?

Consolo para nossas aflições?

Talvez encontremos um pouco disso tudo, se formos perseverantes e tivermos fé.

Felizes aqueles que, acima de meros interesses imediatistas, ouvem a convocação para a Seara do Cristo.

Estes se realizam como discípulos autênticos, habilitando-se a glorioso encontro com Jesus na intimidade do próprio coração.

NOVAS ADESÕES

Após os contatos com Simão Pedro, João e André, Jesus dispôs-se a regressar a Nazaré, na Galileia (João, capítulo I).

Em breve encontrou mais dois discípulos: Filipe e Natanael.

Filipe, era conterrâneo de Pedro e André (nascidos em Betsaida), que provavelmente lhe falaram a respeito de Jesus, porquanto o Mestre disse-lhe simplesmente:

– *Segue-me.*

Foi prontamente atendido.

Outro missionário encontrara sua missão.

Filipe seria um ardoroso divulgador do Evangelho, situando sua atividade na Ásia menor, onde desenvolveu intenso labor na divulgação dos princípios cristãos. Lá foi martirizado. Não há notícias mais amplas a seu respeito. Apenas algumas referências evangélicas quanto á sua participação no colégio apostólico.

Natanael, nascido em Caná, na Galileia, seria conhecido como Bartolomeu (*Bar Talmai,* filho de Talmai). Segundo a tradição, pregou o Evangelho na Índia, onde teria sido esfolado vivo e decapitado.

***

Filipe e Natanael também viviam dias de expectativa, ante o anúncio da chegada do Messias.

Por isso, após o encontro com Jesus, Filipe disse-lhe, eufórico:

— *Encontramos aquele a quem Moisés escreveu na Lei e os profetas anunciaram. Trata-se de Jesus, filho de José, o carpinteiro de Nazaré...*

Natanael estranhou:

— *De Nazaré pode vir coisa boa?*

Imaginava, talvez, que, considerada a grandiosidade de sua missão, o mensageiro divino viria, necessariamente, de localidade mais importante, de cidade maior.

Nazaré era tão insignificante... uma simples aldeia! Mas o futuro apóstolo estava equivocado.

Não apenas com relação a Jesus, cuja origem humilde, como já comentamos, guardava propósitos de exemplificação.

Equivocou-se também com referência a todos os grandes missionários que vêm à Terra cumprir sagradas tarefas, em variados setores de atividade.

Geralmente preferem os lugares obscuros, pequenos, de vida pacata e simples, à distância do rebuliço e da agitação das grandes cidades. Assim podem atravessar com segurança os períodos de consolidação do processo reencarnatório, na infância, e de despertar para a Vida, na adolescência, sem influências perniciosas, sem condicionamentos negativos.

O ambiente calmo das localidades de pequena concentração populacional e de menores exigências em relação à vida material, ajuda o missionário a manter a estabilidade íntima e a pureza. Isso favorece sua comunhão com a Espiritualidade Maior, a fim de que no momento oportuno ajuste-se à tarefa que lhe compete desempenhar.

Atendendo a essa estratégia, fundamental ao desempenho de sua missão, os apóstolos nasceram quase todos em humildes vilarejos da Galileia, uma das regiões mais pobres da Palestina.

***

Ante a dúvida de Natanael, Filipe o convidou a observar por si mesmo.

Levado ao encontro de Jesus, ouviu o mestre comentar:

— *Eis um verdadeiro israelita, em quem não há engano.*

Admirando-se da observação, Natanael perguntou:

— *Donde me conheces?*

Jesus respondeu:

— *Antes de Filipe chamar-te eu te vi, quando estavas debaixo da figueira.*

Temos aqui um fenômeno de clarividência.
Jesus o exercitaria muitas vezes.
Viu à distância, além dos sentidos normais, o que seu interlocutor estivera fazendo em dado momento.
Assombrado, proclamou Natanael:

— *Rabi, tu és o filho de Deus! Tu és o Rei de Israel!*

Jesus certamente achou graça em sua reação.

— *Por dizer-te que te vi debaixo da figueira, crês? Verás coisas melhores do que esta. Em verdade, em verdade vos digo que vereis os céus abertos e os anjos de Deus subindo e descendo sobre o filho do Homem.*

***

Há nessa observação três expressões que Jesus usou frequentemente.

Defini-las é de fundamental importância para um perfeito entendimento do Evangelho:

Em verdade, em verdade vos digo.

Os judeus a usavam antes de uma proclamação solene, chamando atenção para a seriedade e a relevância do que iam dizer:

Era como se alertassem:

– Prestem atenção. Guardem bem. É muito importante!

Filho do Homem.

Jesus tinha plena consciência de que mais cedo ou mais tarde haveriam de confundi-lo com Deus, situando-o como a encarnação da divindade.

Daí a insistência em deixar bem claro que ele não era Deus encarnado. Era apenas *filho do homem* (Sentido genérico – pertencente ao gênero humano), um Espírito superior que encarnou como filho de José e Maria.

Observe, leitor amigo, que usei a expressão *encarnou*.

Jesus não *reencarnou*.

Foi seu primeiro e único mergulho na carne em nosso planeta.

Vereis os céus abertos e os anjos de Deus subindo e descendo.

Jesus evoca o sonho de Jacó, um dos pais do povo judeu.

Está no Gênesis, no capítulo 28, que certa feita, dormindo no campo, o patriarca sonhou com uma imensa escada que se estendia da Terra ao Céu. Por ela subiam e desciam anjos, enquanto o Senhor lhe aparecia para falar-lhe de sua missão.

A escada de Jacó é a representação do processo evolutivo, a ascensão rumo à angelitude, com a superação de nossas fragilidades.

Os anjos que descem e sobem simbolizam a proteção do Céu, sempre presente. Os Espíritos que estão nos degraus mais altos, que se adiantam na jornada evolutiva, preocupam-se com nossa sorte e vêm até nós, frequentemente, para nos amparar e inspirar. Quanto mais evoluídos, quanto mais harmonizados com a Criação, maior o seu empenho nesse sentido.

***

Ao proclamar que os discípulos veriam os anjos subindo e descendo sobre o filho do homem, Jesus informava que a Espiritualidade Maior daria ampla cobertura às suas iniciativas.

Era o grande missionário, o representante de Deus, o governador da Terra que trazia a chama do amor divino capaz aquecer para sempre os enregelados corações humanos.

Esse amor, que faz os anjos descerem até nós para nos ajudar.

Esse mesmo amor que, exercitado em plenitude, nos elevará até eles.

O ESPÍRITO E A CARNE

André, João, Simão Pedro, Felipe e Natanael (Bartolomeu), estes os primeiros discípulos convocados por Jesus, segundo a cronologia de João (capítulo I).

Está em Mateus (capítulo IV), quase idêntico a Marcos (capítulo I):

E passeando ao longo do mar da Galileia, viu dois irmãos, Simão, também chamado Pedro, e André, lançando a rede ao mar, pois eram pescadores.
E disse-lhes:
"Segui-me e vos farei pescadores de homens."
Imediatamente deixaram eles as redes e o seguiram.
Mais adiante Jesus viu outros dois irmãos, Tiago, filho de Zebedeu, e João, que estavam no barco com seu pai, consertando as redes, e os chamou.
Deixando imediatamente o barco e o pai, eles o seguiram.

Observe, leitor amigo, que há alguma diferença em relação à narrativa de João.

Podemos conciliar os textos considerando que até então os quatro pescadores eram apenas discípulos. A partir daquele momento Jesus os convocava para serem apóstolos, futuros divulgadores de sua doutrina.

Marcos e Mateus não fazem referência a Natanael e Felipe.

Por outro lado João não se reporta a seu irmão Tiago, que participaria do círculo mais íntimo dos discípulos. Foi o primeiro apóstolo a ser sacrificado. Morreu decapitado, a mando de Herodes Agripa, por volta do ano 44.

Não há referências explícitas sobre a conversão dos demais discípulos, a não ser Mateus. Ele próprio, laconicamente, relata (capítulo IX) que Jesus:

...viu um homem, chamado Mateus, sentado na coletoria, e disse-lhe:
– Segue-me!
Ele se levantou e o seguiu.

Como ocorrera com os companheiros, não houve necessidade de muitas palavras

Certamente já conhecia Jesus, ouvira suas pregações, empolgara-se com sua mensagem, que despertava indefiníveis reminiscências de seus contatos preparatórios no Além.

Segundo a tradição, Mateus dedicou grande parte de sua vida à pregação do Evangelho aos irmãos de raça. Suas anotações, bem peculiares, são consideradas um relato para judeus. Teria também disseminado a mensagem evangélica em outros países. Morreu martirizado.

Completa-se o colégio apostólico com escassas referências a:

Tomé, cuja participação mais expressiva diz respeito a sua dúvida quanto à materialização de Jesus no colégio apostólico, após a crucificação. Ele não estava presente e duvidou.

Numa segunda manifestação o Mestre o convidou a tocar as chagas de suas mãos, dizendo depois, diante do assombrado discípulo (João, capítulo XXI):

Creste por que viste. Bem aventurados os que não viram e creram.

Tomé, que encarnou nesse episódio a humana dificuldade em lidar com os fenômenos espirituais, seria depois um ardoroso divulgador da mensagem de Jesus. Consta que esteve na Índia em tarefa missionária, onde morreu martirizado.

Tiago, filho de Alfeu, chamado Menor, mais novo, para distingui-lo de seu homônimo, o filho de Zebedeu (Tiago Maior, mais velho). Aparentemente era primo de

Jesus, sobrinho de José. Participou ativamente da igreja cristã, em Jerusalém, segundo o relato do livro Atos dos Apóstolos. Foi martirizado no Templo, no ano 62, por instigação do sumo sacerdote Anás II. Teria sido lançado de uma galeria e morto por espancamento.

Simão, o Zelota. Nada se sabe sobre ele, a não ser que era chamado assim por tratar-se de alguém zeloso da lei judaica ou para distingui-lo de Simão Pedro. Zelotas eram também os membros de um grupo que combatia o domínio romano. Mateus o chama *cananeu*, transcrição da palavra aramaica que significa zelota.

Judas chamado Tadeu, para distingui-lo de Judas Iscariotes. A tradição o liga a Simão Zelota. Ambos teriam divulgado o Evangelho na Pérsia, ali morrendo martirizados.

Judas Iscariotes, de Keriot, pequena aldeia da Judeia. O único discípulo, portanto, que não era galileu.

Ele adquiriu infeliz notoriedade como o traidor que apontou Jesus à turba que viera prendê-lo, a mando dos senhores do Templo.

Consta que o teria feito por 30 moedas de prata.

Provavelmente esperava que Jesus se livrasse facilmente, como já ocorrera em outras oportunidades quando se pretendera atentar contra sua integridade física. Como isso não aconteceu, cheio de remorsos, suicidou-se.

Oportuno lembrar que a Palestina era dividida em quatro províncias: Judeia, Galileia, Samaria e Pereia.

Durante seu apostolado Jesus transitou por todas elas, particularmente Judeia e Galileia, dando notoriedade a cidades bastante familiares ao leitor dos Evangelhos.

Na Judeia, as cidades de Jerusalém, Emaús, Betânia, Belém, e Jericó

Na Galileia ficavam Betsaida, Cafarnaum, Caná, Genesaré, Nazaré e Naim.

Na Samaria, com seus habitantes sempre em litígio com os irmãos das outras regiões, por questões religiosas e políticas, a cidade de Sicar.

Na Pereia, destaque para um conjunto de dez cidades, não enunciadas, mas identificadas regionalmente como Decápolis.

***

O leitor poderá contestar a afirmativa de que os discípulos de Jesus eram Espíritos evoluídos que vieram secundar o Mestre em seu grandioso trabalho, com a missão de sedimentar a mensagem cristã.

Afinal, Judas revelou-se calculista e mesquinho.

Simão Pedro negou Jesus três vezes.

João e seu irmão Tiago pretenderam, certa feita, que se derramasse fogo do Céu sobre samaritanos que não os quiseram receber.

Tadeu duvidou da materialização de Jesus.

No episódio da crucificação todos fugiram, apavorados.

O Evangelho está pontilhado de suas dúvidas e fraquezas.

Ocorre que não obstante sua elevação, os discípulos não conseguiram, em princípio, vencer suas próprias limitações, e aquelas impostas pelo ambiente social em que cresceram e se desenvolveram.

Isso ocorre com muitos missionários, em variados setores da atividade humana.

Aconteceu com o próprio Paulo de Tarso, chamado *vaso escolhido*, o maior divulgador da mensagem cristã.

Até que Jesus o procurasse às portas de Damasco, para alertá-lo de seus compromissos, foi perseguidor implacável dos cristãos, responsável pela morte de Estevão, o primeiro mártir do Cristianismo.

Paulo não conseguira superar os condicionamentos impostos por sua formação rabínica e via em Jesus perigosa ameaça ao judaísmo.

Francisco de Assis e Agostinho foram jovens inconsequentes até que se convertessem às excelências do Evangelho.

No próprio meio espírita deparamo-nos com companheiros dotados de privilegiada inteligência e notáveis faculdades, que *bateram cabeça* antes de despertarem para seus compromissos.

Pior que isso, há tarefeiros, no seio de todas as escolas religiosas que, após assumirem compromissos de relevância, enveredam por tortuosos caminhos, comprometendo-se em lamentáveis desvios.

Como ensinava Jesus, o Espírito pode estar sempre pronto, mas a carne é fraca. O corpo físico inibe as percepções espirituais, impondo-nos pesadas limitações.

O obreiro em trânsito pela Terra sente a convocação para as tarefas que se comprometeu a desenvolver, a manifestar-se em sagrado idealismo.

Mas entre o ideal e a realização, há a fragilidade humana.

Até que se estabeleça na Terra o Reino de Deus, nos próximos milênios, estaremos todos às voltas com nossas limitações e com as influências das sombras, sempre dispostas a explorar sutilmente nossas tendências inferiores.

Daí a dificuldade daqueles que vêm com tarefas de relevância e o fracasso de muitos.

Com a ajuda de Jesus, à exceção de Judas, todos os discípulos conseguiram superar suas dificuldades, transformando-se em dedicados divulgadores de sua mensagem.

Regaram com sangue e suor a árvore nascente do Evangelho, a fim de que ela se fixasse na Terra como supremo marco de luzes, alicerce sagrado para a edificação do Reino de Deus.

Foi considerando as limitações de seus prepostos que Jesus decidiu trazer pessoalmente a revelação do Amor, lei maior do Universo, que situa o Criador como um pai de infinito amor e misericórdia a trabalhar incessantemente pela felicidade de seus filhos.

O Mestre queria ter certeza de que essa gloriosa mensagem seria transmitida em plenitude, sem dúvidas, sem equívocos, a partir de um princípio fundamental, artigo primeiro da Lei de Amor, como está em Mateus, no capítulo VII:

Tudo o que quiserdes que os homens vos façam, fazei-o assim também a eles.

E Jesus a autenticou com um selo inconfundível:
O exemplo.

AS BODAS DE CANÁ

Alguns dias depois, Jesus compareceu a um casamento que se celebrava em Caná, da Galileia, conforme descreve o evangelista João (Capítulo II).
Com ele estavam Maria, sua mãe, e alguns discípulos.
As festas matrimoniais judaicas costumavam estender-se por vários dias. Era difícil prever com exatidão o que seria consumido.
Naquele dia faltou vinho.
Maria, a quem não passavam despercebidos os murmúrios de geral descontentamento, procurou o filho e discretamente revelou-lhe o que estava acontecendo.
Jesus respondeu:

— *Que importa isso a ti e a mim, mulher? Ainda não é chegada a minha hora.*

Embora tivesse razão, porquanto o problema não era dos convidados, há quem considere a resposta de Jesus uma indelicadeza com sua mãe.

Certa feita ouvimos um expositor comentar que em várias passagens evangélicas via Jesus irritado, entrando em atrito com as pessoas. Enfatizava que semelhantes reações apenas revelavam sua condição humana.

Opinião respeitável, mas equivocada.

A agressividade não se vincula à condição humana. É mera manifestação de imaturidade.

Não é preciso ir longe.

Todos conhecemos, não raro no próprio círculo familiar, pessoas incapazes de uma indelicadeza. São Espíritos mais evoluídos que venceram os impulsos agressivos.

Sendo o mais puro Espírito que já transitou pela Terra, como está na questão 625, de O Livro dos Espíritos, jamais Jesus seria irritadiço ou grosseiro, embora fosse veemente em certas circunstâncias, ao denunciar a hipocrisia humana.

***

Quanto às palavras dirigidas a Maria, consideremos, em princípio, que a expressão *mulher* sofreu um desgaste, assumindo, não raro, caráter depreciativo.

Fala-se da prostituta como uma *mulher de vida fácil.*

Ninguém diz *senhora de vida fácil.*

No entanto, ao tempo de Jesus a expressão *mulher* equivalia ao tratamento respeitoso de *senhora* para as casadas, tanto quanto *virgem* era empregado em relação às solteiras, equivalente ao respeitoso *senhorita.*

Em algumas traduções bíblicas emprega-se *senhora* nesta passagem, evitando-se a ideia de suposta atitude desrespeitosa por parte de Jesus.

***

Há, ainda, a inflexão da voz.

Conheço uma esposa que chama carinhosamente de *cachorro sem vergonha* ao marido. Mas quando diz *benzinho*, entre dentes, olhos fuzilantes, voz alterada, é como se o agredisse.

Certamente Maria entendeu, pela inflexão da voz, que Jesus lhe dizia *sim,* embora respondesse *não,* tanto que chamou dois servos e, indicando o filho, recomendou-lhes:

— *Fazei o que vos disser.*

Jesus pediu-lhes que enchessem d'água seis grandes talhas de pedra.

Feito isso, recomendou-lhes que as levassem ao organizador da festa.

Este, após sorver um gole, procurou o noivo e disse-lhe:

— *Todo homem serve primeiro o bom vinho e, quando os convidados estão saciados, serve-lhes o de menor qualidade. Tu, porém, guardaste até agora o vinho melhor.*

Certamente o noivo ficou pasmo, sem compreender o que se passava. Mais espantados mostraram-se os servos, porquanto haviam despejado água nas talhas.

Mas, graças à milagrosa transubstanciação operada por Jesus, não haveria vexames para os donos da casa.

***

O episódio, além de marcar o primeiro dos muitos prodígios que Jesus operaria, tem um sentido simbólico profundo e sublime.

Não há alegria que se compare à concretização de um sonho.

Nenhum sonho é mais belo que o matrimônio; instituição sagrada que ratifica perante Deus e os homens os elos sublimes do amor, a unir duas partes que se completam:

O homem e a mulher.

O cérebro e o coração.

A razão e o sentimento.

A força e a sensibilidade.

Esse amálgama abençoado opera um dos mais notáveis prodígios da vida:

Transforma paredes frias num lar, sinônimo de conforto, aconchego, segurança, paz...

Natural, portanto, que nos olhos dos que se consorciam brilhe, inconfundível, divina chama:

A esperança de que as alegrias desse dia sejam apenas as primícias, as primeiras colheitas de uma felicidade plena, a estender-se, imperecível, por toda a existência.

– Quimeras – dirá alguém...

– Utopia – acrescentarão outros...

E os profetas do pessimismo proclamarão, talvez, que após a embriaguez dos primeiros tempos restará, na taça matrimonial, apenas o amargo sabor da frustração e da desarmonia.

É verdade.

O vinho capitoso das primeiras alegrias matrimoniais, sustentadas pela paixão, é escasso.

Em contrapartida, há fartura de casais que se perguntam, amargurados:

– O que está acontecendo conosco?

– Onde o companheirismo inicial?

– Que é feito da paz doméstica?

– Por que tantos espinhos sucederam às flores?

É que faltou alguém.

Não convidaram o Cristo.

Somente Jesus é capaz de transubstanciar, infinitamente, a água em vinho, a rotina em interesse, a incompreensão em entendimento, os espinhos em flores, as lágrimas em sorrisos, as dores em alegrias...

Em sua mensagem está o espírito renovador de nossas mais caras emoções; o elixir divino que estreita os laços da afetividade, preservando a harmonia conjugal; o tônico infalível para todas as fraquezas e o recurso supremo para todos os males.

***

Dizem angustiados cônjuges:

– Quando nos casamos fizemos o convite a Jesus. Celebrando a cerimônia religiosa, o sacerdote evocou suas bênçãos. Temos orado. Pedimos sua presença conciliadora, mas há tantas brigas, tantos ressentimentos e mágoas em nós que, ao que parece, ele não aceita nosso convite, nem atende aos nossos apelos.

Há aqui um equívoco.

Jesus nunca nos falta quanto o buscamos.

Ocorre que ele só entra em nosso lar pela porta do coração.

O segredo é esse:

Jesus sempre estará conosco, desde que estejamos com ele, imitando seus exemplos, fazendo exatamente o que ele faria em nosso lugar.

Há agressividade na família?
Serenidade com Jesus.
Ofensas?
Perdão com Jesus.
Dúvidas e dificuldades?
Bom ânimo com Jesus.
Injúrias e maledicência?
Silêncio com Jesus.
Não importa que os familiares não correspondam às nossas expectativas.

Importante é correspondermos às expectativas de Jesus.

Somente com ele é possível realizar a família que sonhamos, ainda que, em princípio, não tenhamos a família de nossos sonhos.

***

Concluindo o marcante episódio de Cafarnaum, diz o Evangelista João:

Assim, em Caná da Galileia, Jesus deu início aos seus sinais.
Manifestou a sua glória e os seus discípulos creram nele.

As Bodas de Caná marcaram o início do apostolado de Jesus.

Ali, entre discípulos amigos e familiares, ele apresentou uma amostra de seus poderes, revelando o imenso potencial daquele Espírito puro e perfeito, preposto de Deus, que viera fecundar a Humanidade para o Amor.

Simbolicamente Caná exprime uma divina união. Dela nos fala Manoel de Quintão em seu portentoso *Ad Vitam Aeternam*:

Num doce, estranho e amoroso rito,
noivaram-se afinal;
Ele, baixando meigo do Infinito;
Ela, subindo êxul de um lodaçal.

Por prevenir os esponsais, um grito
de amor percorre o Universo inteiro...
Circunscreve-se o mal...
Toucam-se os astros de um fulgor faceiro,
e há por montes e vales um bendito
sorriso triunfal!

No seu covil esconde-se o chacal;
a veiga incensa a flor;
Freme no bojo mudo a própria argila,
e o verme, e a flor, e a estrela que cintila,
tudo ressumbra amor!

*De em torno à terra, menestréis alados
descem, hosanas conclamando, e, a cada
beijo do Céu, a Terra fecundada
proclama o seu Senhor!*

*Ei-los no Templo, enfim: Ela, a criança,
sorrindo ao seu olhar...
Ele – no olhar levando-lhe a esperança de
um futuro melhor...
E nunca mais, oh! Nunca o tempo há-de
separá-los na senda da Verdade
que o consórcio traduz!*

....

*Chama-se a humilde noiva – Humanidade.
Chama-se ele – Jesus.*

BIBLIOGRAFIA DO AUTOR

01 – PARA VIVER A GRANDE MENSAGEM   **1969**
Crônicas e histórias.
Ênfase para o tema Mediunidade.
Editora: FEB

02 – TEMAS DE HOJE, PROBLEMAS DE SEMPRE   **1973**
Assuntos de atualidade.
Editora: Correio Fraterno do ABC

03 – A VOZ DO MONTE   **1980**
Comentários sobre "O Sermão da Montanha".
Editora: FEB

04 – ATRAVESSANDO A RUA   **1985**
Histórias.
Editora: IDE

05 – EM BUSCA DO HOMEM NOVO   **1986**
Parceria com Sérgio Lourenço
e Therezinha Oliveira.
Comentários evangélicos e temas de atualidade.
Editora: EME

06 – ENDEREÇO CERTO   **1987**
Histórias.
Editora: IDE

07 – QUEM TEM MEDO DA MORTE?   **1987**
Noções sobre a morte e a vida espiritual.
Editora: CEAC

08 – A CONSTITUIÇÃO DIVINA   **1988**
Comentários em torno de "As Leis Morais",
3a. parte de O Livro dos Espíritos.
Editora: CEAC

09 – UMA RAZÃO PARA VIVER   **1989**
Iniciação espírita.
Editora: CEAC

10 – UM JEITO DE SER FELIZ   **1990**
Comentários em torno de
"Esperanças e Consolações",
4a. parte de O Livro dos Espíritos.
Editora: CEAC

11 – ENCONTROS E DESENCONTROS   **1991**
Histórias.
Editora: CEAC

12 – QUEM TEM MEDO DOS ESPÍRITOS?   **1992**
Comentários em torno de "Do Mundo Espírita e
dos Espíritos", 2a. parte de O Livro dos Espíritos.
Editora: CEAC

13 – A FORÇA DAS IDEIAS   **1993**
Pinga-fogo literário sobre temas de atualidade.
Editora: O Clarim

14 – QUEM TEM MEDO DA OBSESSÃO? **1993**
Estudo sobre influências espirituais.
Editora: CEAC

15 – VIVER EM PLENITUDE **1994**
Comentários em torno de "Do Mundo Espírita e dos Espíritos", 2a. parte de O Livro dos Espíritos.
Sequência de Quem Tem Medo dos Espíritos?
Editora: CEAC

16 – VENCENDO A MORTE E A OBSESSÃO **1994**
Composto a partir dos textos de Quem Tem Medo da Morte? *e* Quem Tem Medo da Obsessão?
Editora: Pensamento

17 – TEMPO DE DESPERTAR **1995**
Dissertações e histórias sobre temas de atualidade.
Editora: FEESP

18 – NÃO PISE NA BOLA **1995**
Bate-papo com jovens.
Editora: O Clarim

19 – A PRESENÇA DE DEUS **1995**
Comentários em torno de "Das Causas Primárias", 1a. parte de O Livro dos Espíritos.
Editora: CEAC

20 – FUGINDO DA PRISÃO **1996**
Roteiro para a liberdade interior.
Editora: CEAC

21 – O VASO DE PORCELANA 1996
Romance sobre problemas existenciais, envolvendo família, namoro, casamento, obsessão, paixões...
Editora: CEAC

22 – O CÉU AO NOSSO ALCANCE 1997
Histórias sobre "O Sermão da Montanha".
Editora: CEAC

23 – PAZ NA TERRA 1997
Vida de Jesus – nascimento ao início do apostolado.
Editora: CEAC

24 – ESPIRITISMO, UMA NOVA ERA 1998
Iniciação Espírita.
Editora: FEB

25 – O DESTINO EM SUAS MÃOS 1998
Histórias e dissertações sobre temas de atualidade.
Editora: CEAC

26 – LEVANTA-TE! 1999
Vida de Jesus – primeiro ano de apostolado.
Editora: CEAC

27 – LUZES NO CAMINHO 1999
Histórias da História, à luz do Espiritismo.
Editora: CEAC

28 – TUA FÉ TE SALVOU! 2000
Vida de Jesus – segundo ano de apostolado.
Editora: CEAC

29 – REENCARNAÇÃO – TUDO O QUE VOCÊ PRECISA SABER 2000
Perguntas e respostas sobre a reencarnação.
Editora: CEAC

30 – NÃO PEQUES MAIS! 2001
Vida de Jesus – terceiro ano de apostolado.
Editora: CEAC

31 – PARA RIR E REFLETIR 2001
Histórias bem-humoradas, analisadas à luz da Doutrina Espírita.
Editora: CEAC

32 – SETENTA VEZES SETE 2002
Vida de Jesus – últimos tempos de apostolado.
Editora: CEAC

33 – MEDIUNIDADE, TUDO O QUE VOCÊ PRECISA SABER 2002
Perguntas e respostas sobre mediunidade.
Editora: CEAC

34 – ANTES QUE O GALO CANTE 2003
Vida de Jesus – o Drama do Calvário.
Editora: CEAC

35 – ABAIXO A DEPRESSÃO! 2003
Profilaxia dos estados depressivos.
Editora: CEAC

36 – HISTÓRIAS QUE TRAZEM FELICIDADE 2004
Parábolas evangélicas, à luz do Espiritismo.
Editora: CEAC

**37 – ESPIRITISMO, TUDO O QUE VOCÊ 2004
PRECISA SABER**
Perguntas e respostas sobre a Doutrina Espírita.
Editora: CEAC

38 – MAIS HISTÓRIAS QUE TRAZEM FELICIDADE 2005
Parábolas evangélicas, à luz do Espiritismo.
Editora: CEAC

39 – RINDO E REFLETINDO COM CHICO XAVIER 2005
*Reflexões em torno de frases e episódios
bem-humorados do grande médium.*
Editora: CEAC

**40 – SUICÍDIO, TUDO O QUE VOCÊ 2006
PRECISA SABER**
*Noções da Doutrina Espírita sobre a
problemática do suicídio.*
Editora: CEAC

41 – RINDO E REFLETINDO COM CHICO XAVIER 2006
Volume II
*Reflexões em torno de frases e episódios
bem-humorados do grande médium.*
Editor: CEAC.

42 – TRINTA SEGUNDOS 2007
Temas de atualidade em breves diálogos.
Editora: CEAC

43 – RINDO E REFLETINDO COM A HISTÓRIA 2007
Reflexões em torno da personalidade de figuras ilustres e acontecimentos importantes da História.
Editora: CEAC

44 – O CLAMOR DAS ALMAS 2007
Histórias e dissertações doutrinárias.
Editora: CEAC

45 – MUDANÇA DE RUMO 2008
Romance.
Editora: CEAC

46 – DÚVIDAS E IMPERTINÊNCIAS 2008
Perguntas e respostas.
Editora: CEAC

47 – BEM-AVENTURADOS OS AFLITOS 2009
Comentários sobre o capítulo V, de O Evangelho segundo o Espiritismo.
Editora: CEAC

48 – POR UMA VIDA MELHOR 2009
Autoajuda e orientação para Centros Espíritas.
Editora: CEAC

49 – AMOR, SEMPRE AMOR! 2010
Variações sobre o amor, a partir de O Evangelho segundo o Espiritismo.
Editora: CEAC

50 – O PLANO B 2010
Romance.
Editora: CEAC

51 – BOAS IDEIAS 2011
Antologia de 50 obras do autor.
Editora: CEAC

52 – A SAÚDE DA ALMA 2011
Histórias e reflexões em favor do bem-estar.
Editora: CEAC

53 – O RESGATE DE UMA ALMA 2012
Romance.
Editora: CEAC

54 – O GRANDE DESAFIO 2012
Roteiro para a vivência espírita.
Editora: CEAC

55 – DEPRESSÃO – UMA HISTÓRIA DE SUPERAÇÃO 2013
Romance.
Editora: CEAC

56 – O HOMEM DE BEM 2013
Reflexões sobre o enfoque de Allan Kardec, em
O Evangelho segundo o Espiritismo.
Editora: CEAC

57 – PARA GANHAR A VIDA 2014
Histórias e dissertações doutrinárias.
Editora: CEAC

58 – CONTRA OS PRÍNCIPES E AS POTESTADES 2014
Romance enfocando reuniões mediúnicas.
Editora: CEAC

59 – PARA LER E REFLETIR 2015
Temas de atualidade.
Editora: CEAC

60 – AMOR DE PROVAÇÃO 2015
Romance enfocando um drama de amor
Editora: CEAC

61 – MORTE, O QUE NOS ESPERA 2016
Dissertações em torno da 2ª. parte do livro
O Céu e o Inferno, *de Allan Kardec.*
Editora: CEAC

62 – UMA RECEITA DE VIDA 2016
Roteiro para uma existência feliz.
Editora: CEAC